Kuschelweiches für Babys und Kleinkinder

Stephanie van der Linden

Kuschelweiches für Babys und Kleinkinder

Stricken mit pflanzengefärbten Naturgarnen

Mit Fotografien von Ingeborg Wießler

Inhalt

6	Vorwort
8	Wolle, Seide & Co.
8	Pflanzenfarben
8	Die Garne
10	Filzen
10	Pflegetipps
10	Strickjargon
12	Smok-Overall
16	Streifenjäckchen
18	Patentjacke
21	Söckchen und Overknees
24	Bequeme Latzhose
26	Jacquardjäckchen
28	Einschlagtuch
30	Cache Cœur und Mützchen
32	Gefilztes Pucksäckchen
34	Kuscheldecke
36	Zwergenjäckchen
38	Strampelhose
40	Jäckchen mit Spitzenkragen
42	Schalkragenpulli
44	Mustermixpulli
48	Reißverschlussjacke
50	Filzpullunder
52	Ärmelschal
54	Lace-Jäckchen mit Weste und Schühchen
58	Rippenpulli mit Noppen
60	Warmer Kuschelpulli und Streifenschal
62	Mützen-Klassiker

Vorwort

Kündigt sich ein Baby an, herrscht bei werdenden Eltern große Geschäftigkeit. Es wird nicht nur gerückt, geplant, gehämmert und gestrichen. Manche nutzen diese Zeit auch, um ihre Lebensweise kritisch unter die Lupe zu nehmen. Meldungen über Schadstoffe in Spielzeug, Babynahrung, Möbeln oder Kinderkleidung erschrecken. Von To-do- und Must-have-Listen aus Industrie und Handel überschwemmt, stellt sich so manchem die Frage: „Was ist wirklich nötig? Was ist gut?"

Viele finden in dieser Zeit zu einer individuellen Natürlichkeit. Die einen stellen das Rauchen ein, andere ernähren sich bewusster und entdecken dabei den Naturkostladen um die Ecke. Wieder andere sind auf der Suche nach gebrauchter Babykleidung. Wenn schon ein neues Auto, dann vielleicht ein umweltverträglicheres? Bestehen Lebensmittelallergien in der Familie? Sind waschbare Windeln etwas für uns? Gibt es ein Waschmittel, das weniger Rückstände in der Kleidung hinterlässt? Alle Lebensbereiche werden hinterfragt und unter alltagstauglichem Blickwinkel neu durchdacht.

Als ich meine erste Tochter dann in den Armen hielt, war ich fasziniert davon, dass kleine Menschenkinder alles, was sie tun, mit ganzem Körper und ganzer Seele tun. Sie gähnen bis in den kleinen Zeh hinein, trinken mit Haut und Haar, staunen mit jeder Pore und es gibt nichts Wichtigeres, als Mamas und Papas Zauberwelt zu entdecken. Für mich selbst überraschend, hatte ich bald den Wunsch, die Babygarderobe neu zu sortieren. Keine Farbschocker, keine allzu aufdringlichen Muster oder gar Comic-Helden sollten sich dem Werden meiner Kinder in den Weg stellen. Mein Gespür führte mich zu weichen Garnen und eher zarten Farben.

So waren pflanzengefärbte Handstrickgarne aus reiner Wolle oder Baumwolle eine großartige Entdeckung, um zahlreiche Baby- und Kleinkindsachen zu stricken. Die Farben leuchten wunderschön harmonisch und wir konnten sicher sein, dass die Farbstoffe unbedenklich sind und auf Zusatzbehandlungen der Garne verzichtet wurde. Schön, dass das Angebot im Laufe der letzten Jahre immer größer wurde! Das

Internet ermöglicht es heute auch, Naturgarne direkt von der Pflanzenfärberei zu beziehen.

Unterwegs wurde ich häufig auf die selbst gestrickte Kleidung meiner Töchter angesprochen. Traurige Gesichter sah ich, wenn Verwandte ein Teil mit viel Sorgfalt und Liebe gestrickt hatten, das anschließend im Schrank verschwand, weil es einfach mit nichts aus dem Babykleiderschrank zu kombinieren war. Die Kombinierbarkeit ist bei Handstricksachen das A und O – nur wenn sie zur restlichen Garderobe passen, werden die kuscheligen Teile auch getragen!

Bewusst habe ich neben ganz einfachen Modellen auch mal einige etwas kniffligere Stücke entworfen, für die Sie schon ein wenig Strickerfahrung benötigen, die aber anhand der Anleitungen gut zu meistern sind. Der Schwierigkeitsgrad ist jeweils angegeben.

Ich wünsche Ihnen viel Freude an den Modellen dieses Buches und den schönen Bildern! Viel Spaß beim Stricken und gutes Gelingen!

Stephanie van der Linden

Wolle, Seide & Co.

Die Aufgaben der Haut, unseres größten Sinnes-, Atem- und Ausscheidungsorgans, sind vielfältig. Ihr Tastsinn ist äußerst empfindlich, ihre hohe Schmerzempfindlichkeit warnt und schützt vor Verletzungen, sie dämpft Einflüsse von außen und gibt unserem Körper Gestalt und Begrenzung. Kleidung sollte neben modischen Aspekten immer auch so beschaffen sein, dass sie die Haut in ihren Funktionen gut unterstützt.
Wolle und Seide sind tierische Eiweißfasern, die besonders hautverträglich sind und die Haut gut gegen Wärme und Kälte isolieren. Wolle wirkt durch die feinen Wollhärchen anregend auf die Haut, Seide ausgleichend und beruhigend. Hautausscheidungen werden im Faserinneren neutralisiert und viel schneller nach außen abgegeben, als etwa Baumwolle dies tut. Sowohl Wolle als auch Seide nehmen viel Feuchtigkeit auf, ohne sich nass anzufühlen, die Oberfläche selbst stößt Wasser sogar ab. Durch das Wollfett, das Lanolin, ist Wolle Schmutz abweisend, durch die elastischen Fasern knittert sie kaum und ist gut dehnbar. Sie ist farbbeständig, kaum entflammbar und brennt nicht.

Pflanzenfarben

Jede Farbe der Natur ist eine Komposition aus verschiedenen Farbtönen. Keine Blume ist einfach nur rot, keine Wiese nur grasgrün, kein Haarschopf einfach blond oder braun. Je nach Lichteinfall schwingen verschiedene Farbtöne mit, feinste Nuancen mit kraftvoller Ausstrahlung.
Dieses Licht- und Farbenspiel kann in der Pflanzenfärberei schonend und lichtecht auf Garn gebracht werden. Kein Wunder, dass die ausdrucksstarken, harmonischen Farben in den letzten Jahren wieder mehr Liebhaber finden. Besonders Wolle und Seide nehmen Pflanzenfarben wasch- und lichtecht an. Baumwollgarne erstrahlen in ganz eigenen, zarteren Farben und zeigen oft einen Denim-Effekt.
In pflanzengefärbten Garnen sind keine Gifte durch synthetische Farbstoffe oder Fixierungen vorhanden. Und auf chemische Ausrüstungen, die die Garne knitterfrei oder geeignet für den Wäschetrockner machen sollen, kann getrost verzichtet werden.
Diese Garne sind etwas ganz Besonderes und eignen sich sehr gut zum Stricken für die Allerkleinsten.

Die Garne

Die Pflanzenfärberei Kroll, deren Garne für dieses Buch verwendet wurden, liefert ihre Garne noch im Strang, die Sie sich selbst zum Knäuel wickeln müssen. Wenn Sie den Strang über eine Stuhllehne hängen, gelingt das leicht und steigert die Vorfreude auf das Stricken.

Schafwolle 11/3
100 % reine Schurwolle
28 M x 40 R = 10 x 10 cm
LL = 160 m/50 g
Nadelstärke 2,5 – 3,5 mm
in 28 Pflanzenfarben
Dieses Garn eignet sich hervorragend für fein gestrickte Babykleidung und Söckchen. Strickmuster treten besonders plastisch hervor.

Schafwolle 8/4
100 % reine Schurwolle
16 M x 24 R = 10 x 10 cm
LL = 100 m/50 g
Nadelstärke 4 – 5 mm
in 28 Pflanzenfarben
Dieses Garn eignet sich sehr gut für wärmere Wollpullis.

Schafwolle 2/1
100 % reine Schurwolle in Dochtausspinnung
16 M x 24 R = 100 x 10 cm
LL = 100 m/50 g
Nadelstärke 4 – 5 mm
in 28 Pflanzenfarben
Dieses Garn ist ungezwirnt und daher herrlich weich. Es eignet sich auch zum Verfilzen.

Schafwolle 2/3
100 % reine Merinowolle
10 M x 15 R = 10 x 10 cm
LL = 65 m/100 g
Nadelstärke 6–7 mm
in 16 Pflanzenfarben
Toll für Jacken und Westen, die richtig warm halten sollen.

Wolle/Seide
65 % Tussahseide/35 % Schafwolle
26 M x 34 R = 10 x 10 cm
LL = 150 m/50 g
Nadelstärke 3–4 mm
in 15 Pflanzenfarben
Ein ganz edles Garn mit wunderschönem dezentem Glanz.

kbA-Baumwolle
100 % kontrolliert biologisch angebaute Baumwolle
20 M x 32 R = 10 x 10 cm
LL = 200 m/100 g
Nadelstärke 3,5–4,5 mm
in 16 Pflanzenfarben, einige davon mit Denim-Effekt
Ein sehr weich verzwirntes Baumwollgarn ohne weitere chemische Ausrüstung, das Strickmuster auch locker gestrickt schön plastisch hervortreten lässt.

Alternativen
Mit den angegebenen Maschenproben ist es leicht möglich, für die Modelle dieses Buches andere Garne zu wählen. Ein Tipp: Wollallergiker vertragen häufig sehr gut Sockengarne mit hohem Baumwollanteil.

Die Garne

Filzen

Die Wollfaser ist von einer Schuppendecke umhüllt. Die Schuppenzellen überlappen sich wie bei einem Palmenstamm. Durch längere Reibung verhaken sich die kleinen Schuppen und es bilden sich Fusseln und Knötchen an der Oberfläche, die sich leicht wieder entfernen lassen.
Wird die Wollfaser aber in einer Lauge starken Bewegungen ausgesetzt, quellen die Fasern auf und die Schüppchen verhaken sich so stark, dass ein weicher, dichter Filzstoff entsteht, der Wind und Feuchtigkeit sehr gut abhält.

Anleitung zum Filzen in der Waschmaschine

Das fertig vernähte Strickstück zweimal bei 60° C mit 10 – 12 Waschbällen oder 4 Massagebällen in der Waschmaschine mit Colorwaschmittel waschen. Ideale Beigabe für die Waschgänge sind Jeanshosen. Anschließend noch feucht in Form ziehen, dabei an den angegebenen Maßen orientieren. Der Shrink-Faktor gibt an, wie stark das Strickteil beim Filzen einläuft. Dabei verhält sich jedes Garn anders. Für einen schmuseweichen, imprägnierten Filzstoff dem noch feuchten Strickstück gleich eine Essigspülung und eine Lanolinkur gönnen.

Pflegetipps

Für die **Wollwäsche** können Sie das Wollwaschprogramm der Maschine nutzen. Am besten ein Wollwaschmittel verwenden. Eine **Essigspülung** macht Wolle schmuseweich. Dazu einfach einige Spritzer Essigessenz in das Weichspülerfach der Waschmaschine geben. Der Essiggeruch verschwindet mit dem Trocknen.
Eine **Lanolinkur** gibt dem Garn das beim Herstellungsprozess entzogene Wollfett zurück und unterstützt die Wasser und Schmutz abweisenden Eigenschaften. Dazu gut handwarmes Wasser mit einigen Spritzern Lanolinkur ins Waschbecken laufen lassen. Das Strickstück auf links gezogen darin schwenken und das Lanolin ins Gewebe einkneten. Gut auswringen, das Strickstück wieder in Form ziehen und liegend trocknen lassen. So eine Kur hält oft für 1 – 2 Jahre. Lanolin nicht in der Waschmaschine verwenden!
Hartnäckige **Fleckentfernung** gelingt bei Wolle hervorragend mit einem Stückchen Gallseife.
Zum **Mottenschutz** legen Sie einige Zedernholzstückchen zu Ihren Wollsachen in den Schrank. Zedernholz hat einen angenehm dezenten Geruch. Es lohnt sich, die Holzstückchen nach 1 – 2 Jahren mit wenigen Tropfen Zedernholzöl wieder aufzufrischen.

Strickjargon

Glatt rechts: In Hinreihen rechte Maschen stricken, in Rückreihen linke Maschen, in Runden nur rechte Maschen stricken.

Glatt links: In Hinreihen linke Maschen stricken, in Rückreihen rechte Maschen.

Kraus rechts: In Hinreihen und in Rückreihen rechte Maschen stricken, in Runden 1 Runde rechte Maschen und 1 Runde linke Maschen abwechseln. Die Maschenprobe ändert sich, es werden mehr Reihen benötigt!

Gerade hoch: Ohne Zu- oder Abnahmen über alle Maschen bis zur angegebenen Höhe stricken.

Randmasche (RM): So heißen die beiden äußeren Maschen einer Reihe. Für einen Rand, der sich später gut zum Zusammennähen eignet, beide Maschen in Hinreihen rechts, in Rückreihen links stricken.

Rechtes und linkes Strickstück: Bezieht sich in Anleitungen auf die Sicht vom Träger der Kleidung aus. Ein linkes Vorderteil etwa bedeckt die Herzseite.

Rechter und linker Strickrand: Das Strickstück wird mit der Außenseite (auch rechte Seite genannt) nach oben betrachtet. Der rechte Strickrand ist also vom Betrachter aus gesehen rechts.

Beidseitig: An beiden Seiten ist das Gleiche zu tun, damit das Strickstück symmetrisch wird. Abnahmen zu Beginn einer Reihe am besten in einer Hinreihe am rechten Rand und in der darauffolgenden Rückreihe am linken Rand arbeiten.

Gegengleich: Für ein spiegelverkehrtes Strickteil alle Zu- und Abnahmen auf der anderen Seite arbeiten, einfach rechts und links vertauschen!

Neue Maschen auffassen: Aus einer bereits abgeketteten Kante werden so viele neue Maschen aufgefasst, wie zuvor abgekettet wurden (Halsmaschen hinten). Aus einer geraden Seitenkante werden aus 4 Reihen 3 Maschen aufgefasst (**3-aus-4-Regel**). An Schrägen, etwa beim Halsausschnitt, kombiniert man beide Prinzipien: In der Höhe 3 aus

4 und zusätzlich pro Abnahme je 1 Masche auffassen.

Ärmel: Auch wenn in den meisten Anleitungen nur 1 Ärmel beschrieben ist, benötigen Sie natürlich 2 davon!

Maschenmarkierer: Kleine Ringe, die zwischen 2 Maschen auf die Nadel gehängt werden, um die Stelle zu kennzeichnen. Beim Stricken einfach von der linken auf die rechte Nadel heben. Es gibt sehr kunstvolle Perlenhängerchen. Büroklammern oder geknotete Garnreste leisten aber ebenso gute Dienste.

Knopflöcher: Werden in der Regel bei Mädchen auf der rechten und bei Jungs auf der linken Seite angebracht. Aber tun Sie sich und Ihrem Baby doch den Gefallen, die Knopflöcher ruhig auch gegen alle Konventionen an der Seite anzubringen, die sich für Sie bequemer knöpfen lässt!

Picots häkeln: Am einfachsten nach 1 Runde fester Maschen zu arbeiten. *1 feste Masche, 3 Luftmaschen, 1 Kettmasche in die feste Masche häkeln und erst wieder in die 3. untere Masche einstechen.* Von * bis * fortlaufend wiederholen.

Kordel stricken: Die angegebene Maschenzahl auf einer Spielnadel anschlagen. Nicht wenden, sondern die Maschen an das rechte Ende der Nadel zurückschieben und mit einer zweiten Spielnadel die Maschen erneut in gleicher Richtung abstricken. Auf diese Weise eine Kordel in gewünschter Länge herstellen.

Strickjargon 11

Smok-Overall

Größe
50–56 (62–68)

Schwierigkeitsgrad ***

Material
Schafwolle 11/3, 200 (250) g
in Wollweiß
Rundstricknadel, 3,0 mm
Nadelspiel, 2,5 mm
10 Olivenholzknöpfchen,
Ø 10 mm

Maschenprobe
28 M x 40 R = 10 x 10 cm

Rippenmuster
Hinreihe: RM, *2 Maschen links, 1 Masche rechts*, RM
Die Maschen der folgenden Reihen stricken, wie sie erscheinen.

Smokstreifen
Zwei benachbarte rechte Maschen mit einer Stopfnadel auf gleicher Höhe erfassen, die mittigen linken Maschen dabei übergehen und beide Maschen einmal umnähen. Die Nadel auf der Rückseite entlangführen, nach 5 Reihen mittig in einer rechten Masche ausstechen und diese Masche wiederum mit ihrer benachbarten rechten Masche gleicher Höhe umnähen.

Der Overall kann zum An- und Ausziehen vollständig geöffnet werden, sodass Sie das Baby einfach hineinlegen können.

Rückenteil
30 (30) Maschen für das rechte Bein anschlagen und glatt rechts stricken. Für die Beinschrägung an der linken Beininnenseite 9 x in jeder 6. Reihe 1 Masche, dann in jeder 2. Reihe 1 x 2 Maschen und 1 x 4 Maschen (16 x in jeder 4. Reihe 1 Masche, dann in jeder 2. Reihe 1 x 2 Maschen und 1 x 4 Maschen) zunehmen. In 15 (18) cm Höhe die 45 (52) Maschen stilllegen, dabei mit einer Rückreihe enden. Das linke Bein gegengleich arbeiten. Die Maschen beider Beinteile so auf einer Nadel zusammenfassen, dass die Beinschrägungen

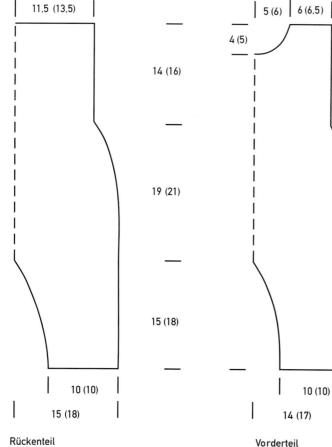

Rückenteil Vorderteil Ärmel

Smok-Overall

in der Mitte zusammenlaufen und über diese 90 (104) Maschen glatt rechts stricken. In einer Höhe von 34 (39) cm 1 Abnahmereihe arbeiten: *2 Maschen rechts stricken, 2 Maschen rechts zusammenstricken* und so gleichmäßig verteilt 22 (26) Maschen abnehmen. In 48 (55) cm Höhe die verbleibenden 68 (78) Maschen abketten.

Linkes und rechtes Vorderteil

Das Bein des linken Vorderteils wie das rechte Bein des Rückenteils arbeiten, jedoch die letzte Zunahme von 4 Maschen für die Beinschrägung auslassen und über die 41 (48) Maschen gerade hoch stricken. In 34 (39) cm Höhe 1 Abnahmereihe arbeiten: *2 Maschen rechts stricken, 2 Maschen rechts zusammenstricken* und so gleichmäßig verteilt 10 (12) Maschen abnehmen [31 (36) Maschen]. Für die Smokpasse weiter im Rippenmuster arbeiten.
In 44 (50) cm Höhe für den Halsausschnitt an der linken Seite in jeder 2. Reihe 1 x 5 Maschen, 1 x 3 Maschen, 1 x 2 Maschen und 4 x 1 Masche (1 x 6 Maschen, 1 x 3 Maschen, 2 x 2 Maschen und 4 x 1 Masche) abketten. In 48 (55) cm Höhe die restlichen 17 (19) Maschen abketten. Das rechte Vorderteil gegengleich arbeiten.

14 Smok-Overall

Ärmel

38 (42) Maschen anschlagen und 10 Reihen kraus rechts stricken. In den folgenden Reihen weiter glatt rechts stricken. Für die Ärmelschräging beidseitig 13 (15) x in jeder 4. Reihe je 1 Masche zunehmen. In einer Höhe von 15 (18) cm alle 64 (72) Maschen abketten.

Ausarbeitung

Schulter-, Ärmel- und Seitennähte schließen und die Ärmel einnähen. Rings um den Halsausschnitt neue Maschen auffassen, 2 cm kraus rechts stricken, abketten und mit Picots umhäkeln (siehe Seite 11).
An rechter und linker Vorderkante jeweils von Halsausschnitt bis Fuß neue Maschen auffassen und 2 cm kraus rechts stricken. Dabei in der Blende des linken Vorderteils über die ganze Länge verteilt 8 Knopflöcher arbeiten (in der 4. Blendenreihe 2 Maschen abketten, über diesen Maschen in der 5. Blendenreihe 2 neue Maschen anschlagen). Das 1. Knopfloch 3 Maschen von der Halsausschnittkante entfernt, dann jeweils in gleichen Abständen bis etwa 4 cm vor der unteren Fußkante arbeiten. In die Blende des rechten Vorderteils nur im Beinteil die zwei unteren Knopflöcher arbeiten, für die Abstände an der Blende des linken Vorderteils orientieren. Mittig zwischen rechtes und linkes Bein hinten eine knopfgroße Schlaufe aus 3 Fäden arbeiten und diese mit Schlingstichen umsäumen. Mit dieser zusätzlichen Knopfschlaufe im Schritt kann das Rückenteil an den vorderen Schrittknopf geknöpft werden, bevor dieser mit dem vorderen Knopfloch geschlossen wird.

Füßchen und Smokarbeit

Mit einem Nadelspiel aus der Beinanschlagkante und der hinteren Blende 63 (63) neue Maschen auffassen, die Blende des Vorderteils dabei übergehen. Sie wird später mit wenigen Stichen am Fuß angenäht. Eine Runde glatt rechts stricken, in der 2. Runde jede 2. Masche mit der folgenden Masche zusammenstricken (42 Maschen) und 5 weitere Runden glatt rechts stricken. Über die mittleren 17 Maschen der Vorderseite 24 (30) Reihen im Rippenmuster stricken. Wieder in Runden stricken, dazu jeweils 13 (16) Maschen aus beiden Seiten auffassen und 12 Runden kraus rechts stricken (1 Runde rechts, 1 Runde links). Um das Schühchen zu schließen nun in jeder 2. Runde (rechts gestrickte Runde) jeweils die 1. und die letzte Masche der beiden Seitenteilmaschen mit der nächsten Masche von Zeh- und Fersenmaschen rechts zusammenstricken, bis nur noch die Maschen der beiden Seitenteile übrig sind. Die Maschen beider Nadeln zusammen abketten und die Fäden vernähen.
Aus dem Rippenmuster auf der Oberfußseite 5 Smokstreifen arbeiten. Diese Streifen jeweils um 3 Reihen versetzen, sodass ein gesmoktes Wabenmuster entsteht.
Im Rippenmuster der Vorderteilpasse jeweils 3 Rippen von der Blende entfernt ungesmokt lassen, dann aus 3 Rippen 2 versetzte Smokstreifen arbeiten. Die Knöpfchen in Höhe der Knopflöcher annähen.

Streifenjäckchen

Größe
56 – 62 (68 – 74)

Schwierigkeitsgrad *

Material
Schafwolle 11/3, je 50 g in Rosé und Korallenrot
Rundstricknadel, 3,0 mm
4 Perlmuttknöpfchen, Ø 10 mm

Maschenprobe
28 M x 40 R = 10 x 10 cm

Streifenfolge
2 Reihen in Rosé und 2 Reihen in Korallenrot im Wechsel

Lochmusterreihe
2 Maschen rechts zusammenstricken, 1 Umschlag

Das Jäckchen wird in einem Stück gestrickt.

Jäckchen

64 (72) Maschen in Korallenrot anschlagen und für eine Mäusezähnchenkante 5 Reihen glatt rechts stricken, 1 Lochmusterreihe arbeiten und wieder 6 Reihen glatt rechts stricken. Weiter in der Streifenfolge gerade hoch arbeiten. In einer Höhe von 16 (18) cm an beiden Seiten für die **Ärmel** jeweils 34 (40) Maschen neu anschlagen und weiter in der Streifenfolge über alle Maschen stricken.
Für den **Halsausschnitt** in einer Höhe von 23 (26) cm die mittleren 28 (34) Maschen abketten und beide Seiten nun getrennt weiterarbeiten. Für das rechte **Ärmel- und Rückenteil** noch 4,5 cm über die 52 (59) Maschen stricken, dann am rechten Rand wieder 14 (17) Halsmaschen in der Farbe anschlagen, in der die Maschen zuvor abgekettet wurden.
In einer Höhe von 35 (39) cm am linken Rand 34 (40) Ärmelmaschen in einer Reihe der Farbe abketten, in der die Ärmelmaschen zuvor auch angeschlagen wurden, und über die verbleibenden 32 (36) Maschen weiter im Streifenmuster stricken.
In einer Höhe von 46,5 (52,5) cm eine Mäusezähnchenkante in Korallenrot arbeiten. Das linke Ärmel- und Rückenteil gegengleich beenden.

Ausarbeitung

Aus beiden unteren Ärmelkanten in Korallenrot neue Maschen auffassen und über alle Maschen eine Mäusezähnchenkante arbeiten: 5 Reihen glatt rechts, 1 Lochmusterreihe, 5 Reihen glatt rechts stricken und abketten. Die Kanten nach innen umschlagen und annähen. Für die linke Verschlussblende in Korallenrot Maschen auffassen, 5 Reihen kraus rechts stricken und abketten. Die rechte Verschlussblende ebenso arbeiten, dabei in der 2. Reihe im Abstand von je 5 cm je ein Knopfloch arbeiten (2 Maschen rechts zusammenstricken und 1 Umschlag).
Entlang der Halsausschnittkante Maschen in Korallenrot auffassen, eine Mäusezähnchenkante über alle Maschen arbeiten, abketten und umnähen. Ärmel- und Seitennähte schließen und die unteren Kanten von Vorder- und Rückenteilen umnähen. Die Knöpfchen in Höhe der Knopflöcher annähen.

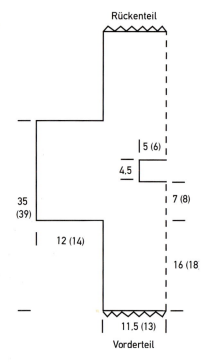

Patentjacke

Größe
50–56 (62–68)

Schwierigkeitsgrad **

Material
Wolle/Seide, 200 (250 g) in Natur
Rundstricknadel, 3,5 mm

Maschenprobe
Im Halbpatent 22 M x 41 R = 10 x 10 cm

Halbpatent
1. Reihe (Hinreihe):
1 Masche links, *1 Masche mit 1 Umschlag wie zum Linksstricken abheben, 1 Masche links*

2. Reihe (Rückreihe):
1 Masche rechts, *1 Masche und Umschlag links zusammenstricken, 1 Masche rechts*

Vorder- und Rückenteil
139 (147) Maschen anschlagen und 2 cm glatt links stricken. In der folgenden Hinreihe 1 Randmasche, 25 (27) Maschen Halbpatent, 8 Maschen rechte Zopfhälfte, 8 Maschen linke Zopfhälfte, 55 (59) Maschen Halbpatent, 8 Maschen rechte Zopfhälfte, 8 Maschen linke Zopfhälfte, 25 (27) Maschen Halbpatent und 1 Randmasche arbeiten. In dieser Mustereinteilung gerade hoch stricken. In 14 (15) cm Höhe alle Maschen stilllegen, dabei mit einer Rückreihe enden.

Ärmel
33 (37) Maschen anschlagen und 2 cm glatt links stricken, dabei in der letzten Reihe gleichmäßig verteilt 30 (34) Maschen zunehmen. In der folgenden Hinreihe 1 Randmasche, 8 Maschen linke Zopfhälfte, 45 (53) Maschen im Halbpatent, 8 Maschen rechte Zopfhälfte, 1 Randmasche arbeiten. In dieser Mustereinteilung gerade hoch stricken. In einer Höhe von 12 (15) cm alle Maschen stilllegen, dabei wieder mit einer Rückreihe enden [63 (71) Maschen].

Zusammenfassen
In einer Hinreihe über die Maschen von rechtem Vorderteil [34 (36) Maschen], einem Ärmel [63 (71) Maschen], Rückenteil [71 (75) Maschen], einem Ärmel [63 (71) Maschen] und linkem Vorderteil [34 (36) Maschen] stricken. Die Randmaschen der Ärmel jeweils mit der nächsten Zopfmasche zusammenstricken [261 (285) Maschen]. Da die Raglanstellen besonders an den Übergängen zum Ärmel sehr eng sind, den flexiblen Teil der

Rechte Zopfhälfte

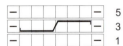

Linke Zopfhälfte

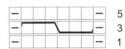

Die Maschen in allen Rückreihen stricken, wie sie erscheinen.

☐ 1 Masche glatt rechts
⊟ 1 Masche glatt links

3 Maschen auf einer Zopfnadel vor die Arbeit legen, 3 Maschen rechts stricken, dann die 3 Maschen der Zopfnadel rechts stricken

3 Maschen auf einer Zopfnadel hinter die Arbeit legen, 3 Maschen rechts stricken, dann die 3 Maschen der Zopfnadel rechts stricken

Rundstricknadel an geeigneten Stellen zwischen den Maschen als Schlaufe herausziehen. Für die Raglanschrägung jede äußere Zopfmasche mit der nächsten Halbpatentmasche links zusammenstricken und so die Maschenzahl um 8 reduzieren. Diese Abnahme noch 18 (22) x in jeder 2. Reihe und 5 (4) x in jeder 4. Reihe wiederholen. Gleichzeitig für den **vorderen Halsausschnitt** nach 7 (8) cm Raglanhöhe beidseitig in jeder 2. Reihe 1 x 4 Maschen, 1 x 3 Maschen, 2 x 2 Maschen und 1 x 1 Masche abketten. Überschneidet der Halsausschnitt an den Vorderteilen die vordere Raglanschrägung, entfallen diese 2 Raglanabnahmen, während die übrigen Abnahmen der Reihe gearbeitet werden. Die restlichen Maschen abketten.

Nach 9 (10) cm Raglanhöhe für den **Halsausschnitt an den Ärmeln** am linken Rand des linken Ärmels und am rechten Rand des rechten Ärmels 1 x 5 (6) Maschen, 1 x 4 Maschen, 1 x 3 Maschen und 2 x 2 Maschen abketten. Die restlichen Maschen nach der letzten Raglanabnahme abketten. Die übrigen Maschen des Rückenteils in einer Höhe

Patentjacke

des Raglans von 13 (14) cm abketten.

Kapuze

Für das **linke Seitenteil** 23 (25) Maschen anschlagen und im Halbpatent stricken. Dabei in jeder 4. Reihe am rechten Rand 4 x 1 Masche zunehmen, dann weiter gerade hoch stricken. Nach 14 (15) cm ab Anschlagkante wieder am rechten Rand in jeder 2. Reihe 4 x 1 Masche, 1 x 2 Maschen und die verbleibenden Maschen abketten. Das rechte Seitenteil gengleich stricken.

Für das **Mittelteil** 27 (27) Maschen anschlagen und in folgender Mascheneinteilung stricken: 1 Randmasche, 8 Maschen linke Zopfhälfte, 9 Maschen im Halbpatent, 8 Maschen rechte Zopfhälfte, 1 Randmasche. In einer Höhe von 27 (29) cm alle Maschen abketten.

Ausarbeitung

Das Mittelteil der Kapuze zwischen die beiden Seitenteile nähen, sodass die Anschlagkanten aneinanderstoßen und sich das Mittelteil um die Schrägungen legt. Aus dem vorderen Kapuzenrand neue Maschen auffassen, für die Blende 2 cm glatt links stricken und abketten. Den unteren Kapuzenrand etwas gerafft in den Halsausschnittrand einnähen.

Die Randblenden von Rückenteil, Vorderteilen, Ärmeln und Kapuze zur Hälfte nach innen umschlagen und annähen. Aus beiden Vorderkanten 45 (49) Maschen auffassen, 2 cm glatt links stricken, abketten und nach innen umsäumen. Eine etwa 70 cm lange Kordel drehen und durch die Blende der Kapuze ziehen.

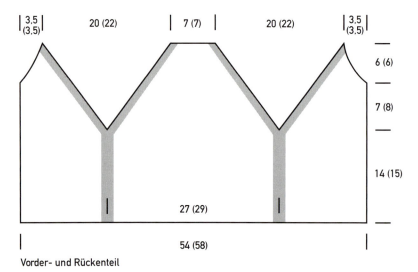

Vorder- und Rückenteil

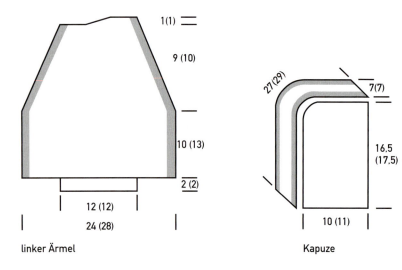

linker Ärmel   Kapuze

20 Patentjacke

Söckchen und Overknees

Schwierigkeitsgrad
* (Overknees), ** (Söckchen)

Material
Schafwolle 11/3, je 50 g
in diversen Farben
Nadelspiel, 2,5 mm

Maschenprobe
28 M x 40 R = 10 x 10 cm
Im Rippenmuster 30 M x
40 R = 10 x 10 cm

Rippenmuster
2 Maschen rechts, 2 Maschen links in Runden

Warme Füßchen und Beinchen – mit diesen Söckchen kein Problem!

Overknees

48 (52) Maschen gleichmäßig verteilt auf 4 Nadeln sehr locker anschlagen, zur Runde schließen und im Rippenmuster stricken. In einer Höhe von 25 (30) cm locker abketten.

Babysöckchen

Die der Größe entsprechende Maschenzahl (siehe Tabelle) gleichmäßig auf 4 Nadeln eines Nadelspiels verteilt anschlagen.

Als **Bündchen** eignen sich alle Rippenmuster aus rechten und linken Maschen, auch Rollbündchen wie beim braunen Kuschelpulli (siehe Seite 60). Außerdem machen sich einige Reihen kraus rechts oder eine Mäusezähnchenkante gut als Söckchenabschluss. Anschließend noch etwa 5–7 cm glatt rechts oder im Muster stricken.
Für die **Ferse** in Hin- und Rückreihen nur die Maschen von 2 Nadeln stricken und wenden.
Die 1. Masche abheben, den Faden fest nach hinten ziehen, die Maschen bis zum Ende der Reihe stricken und wenden.
Diese Reihe so oft wiederholen, bis sich so viele doppelte

Wendemaschen auf beiden Nadeln befinden, wie in der Tabelle für die Größe angegeben. Dabei die doppelten Maschen der Vorreihe nicht mehr stricken, sie bilden das neue Reihenende.

2 Runden glatt rechts arbeiten, doppelte Maschen jeweils als 1 Masche stricken.
Wieder in Reihen über die beiden Fersennadeln stricken, dabei in der 1. Hinreihe nur die Maschen von 1. Seitenteil und

Mittelteil stricken, wenden, die 1. Masche abheben, den Faden nach hinten ziehen und die restlichen Maschen des Mittelteils stricken (die doppelte Masche zählt mit!). Wieder wenden und den Faden nach hinten ziehen. In den folgenden Reihen jeweils 1 Masche über die doppelte Masche hinausstricken und wie beschrieben wenden, bis nur noch die beiden äußeren Maschen als doppelte Maschen vorliegen. Weiter in Runden über alle 4 Nadeln bis zur angegebenen Länge stricken.
Für die **Fußspitze** die 2. und 3. Masche der 1. und 3. Nadel rechts zusammenstricken und die zweit- und drittletzte Masche der 2. und 4. Nadel rechts überzogen zusammenstricken. Diese Abnahmerunde mit so vielen Zwischenrunden wie in der Tabelle angegeben wiederholen, bis der abgetrennte Faden durch die letzten 8 Maschen gezogen werden kann.

Schafwolle 11/3, LL = 160 m/50 g – 28 M x 40 R = 10 x 10 cm, Nadelstärke 2,5 mm

Größe	10/11	12/13	14/15	16/17	18/19	20/21	22/23
Fußlänge/cm	7,5	8,5	10,0	11,0	12,5	14,0	15,0
Maschenzahl gesamt/ pro Nadel	32/8	36/9	36/9	40/10	40/10	44/11	44/11
Maschenzahl Fersen – Seitenteil	5	6	6	6	6	7	7
Maschenzahl Fersen – Mittelteil	6	6	6	8	8	8	8
Fußlänge bis Beginn Fußspitze/cm	5,5	6,5	7,5	8,5	10,0	11,0	12,0
Abnahmen für die Bandspitze nach der 1. Abnahme							
in jeder 3. Runde	1 x	1 x	1 x	1 x	1 x	1 x	1 x
in jeder 2. Runde	2 x	2 x	3 x	3 x	3 x	3 x	3 x
in jeder Runde	2 x	3 x	2 x	3 x	3 x	4 x	4 x

Wolle/Seide, LL = 150 m/50 g – 26 M x 34 R = 10 x 10 cm, Nadelstärke 3,0 mm

Größe	10/11	12/13	14/15	16/17	18/19	20/21	22/23
Fußlänge/cm	7,5	8,5	10,0	11,0	12,5	14,0	15,0
Maschenzahl gesamt/ pro Nadel	28/7	32/8	32/8	36/9	36/9	40/10	40/10
Maschenzahl Fersen – Seitenteil	5	6	6	6	6	7	7
Maschenzahl Fersen – Mittelteil	6	6	6	8	8	8	8
Fußlänge bis Beginn Fußspitze	5,0	6,0	7,0	7,5	8,0	9,5	10,5
Abnahmen für die Bandspitze nach der 1. Abnahme							
in jeder 3. Runde	1 x	1 x	1 x	1 x	1 x	1 x	1 x
in jeder 2. Runde	2 x	2 x	2 x	2 x	3 x	3 x	3 x
in jeder Runde	1 x	2 x	2 x	3 x	2 x	3 x	3 x

Bequeme Latzhose

Größe
50 – 56 (62 – 68/68 – 74)

Schwierigkeitsgrad **

Material
Wolle/Seide, 100 (100/150) g
in Hellgelb
Rundstricknadel, 3,0 mm
2 Sternenknöpfchen, Ø 13 mm

Maschenprobe
26 M x 34 R = 10 x 10 cm

Bündchenmuster
RM, *2 Maschen rechts,
2 Maschen links", RM

Sie ist schnell angezogen, nichts rutscht und der Rücken bleibt ganz bestimmt warm.

Rückenteil

Für ein **Hosenbein** 20 (24/24) Maschen anschlagen und 2 (2/3) cm im Bündchenmuster stricken. Anschließend glatt rechts weiterarbeiten, dabei in der 1. Reihe gleichmäßig verteilt 12 (11/13) Maschen zunehmen [32 (35/37) Maschen]. In einer Gesamthöhe von 19 (23/27) cm alle Maschen stilllegen und das 2. Hosenbein ebenso arbeiten.

Die Maschen beider Beine auf einer Nadel zusammenfassen, dazwischen 2 Maschen neu anschlagen [66 (72/76) Maschen] und glatt rechts gerade hoch stricken. Nach weiteren 14 (16/18) cm eine **rückwärtige Erhöhung** des Hosenteils arbeiten. Dazu bereits 4 Maschen vor Erreichen des Reihenendes wenden, die 1. Masche wie zum Linksstricken abheben, den Faden fest nach hinten ziehen, sodass sich 2 Fäden der Vorreihe auf die Nadel legen, und die Maschen der Reihe stricken. Wieder 4 Maschen vor dem Reihenende wenden, abheben und den Faden nach hinten ziehen. Diese beiden Reihen noch

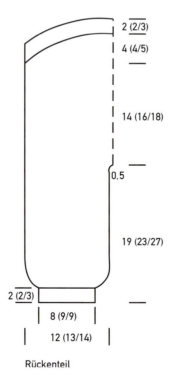

Rückenteil

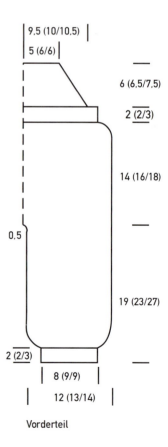

Vorderteil

5 x wiederholen, dabei jeweils 4 Maschen vor Erreichen der unteren doppelt gezogenen Masche wenden und so in jeder Reihe jeweils über 4 Maschen weniger stricken.
In der folgenden Reihe alle Maschen bis zum Reihenende glatt rechts stricken, doppelt gezogene Wendemaschen dabei jeweils als 1 Masche abstricken. Noch 2 (2/3) cm im Bündchenmuster arbeiten, dabei in der 1. Bündchenreihe gleichmäßig verteilt 8 Maschen abnehmen [58 (64/68) Maschen] und abketten.

Vorderteil
Zunächst wie das Rückenteil arbeiten, dann aber in 14 (16/18) cm Schritthöhe [33 (39/45) cm Gesamthöhe] über alle Maschen im Bündchenmuster arbeiten. Dabei in der 1. Reihe gleichmäßig verteilt 8 Maschen abnehmen [58 (64/68) Maschen]. Nach 2 (2/3) cm Bündchen für den **Latz** weiter glatt rechts stricken. Dazu in der 1. Reihe beidseitig 1 x 5 (1 x 6/1 x 7) Maschen abketten, dann 10 x (11 x/10 x) in jeder 2. Reihe und für Größe 74 noch 2 x in jeder 3. Reihe je 1 Masche abnehmen. Die restlichen 28 (30/32) Maschen abketten.

Ausarbeitung
Seiten- und Beinnähte schließen. Für die **Latzblende** 74 (81/88) Maschen anschlagen, 1,5 (1,5/2) cm im Bündchenmuster stricken und abketten. Die Latzblende rings um den Latz und seitlich an das Bündchen annähen, dabei an den oberen Ecken für die Knopflöcher je 3 Maschen offen lassen.
Für die Träger 2 Streifen aus 10 Maschen mit einer Länge von 24/27/30 cm glatt rechts stricken. Die Längsseiten jedes Streifens schließen und beide Träger am Rückenteil im Abstand von 8 – 10 cm annähen. An jedem Träger je einen Knopf annähen.

Tipp
Kleine (Winter-)Babys haben ganz sicher warme Füßchen, wenn jedes Hosenbein noch ein Füßchen wie beim Smok-Overall von Seite 12 erhält.

Jacquardjäckchen

Größe
50–56 (62–68/74–80)

Schwierigkeitsgrad ★★★

Material
Schafwolle 11/3, 100 (100/150) g in Mittelblau, je 50 g in Hellblau, Wollweiß, Flieder
Rundstricknadel, 3,0 mm
Häkelnadel, 2,5 mm
4/4/5 Olivenholzknöpfchen, Ø 10 mm

Jacquardborte

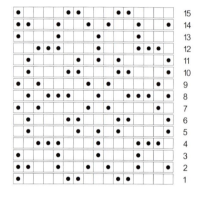

Maschenprobe
28 M x 40 R = 10 x 10 cm

Rippenmuster
Hinreihe: 1 RM, *3 Maschen rechts,1 Masche links*, 1 RM. Die Maschen der folgenden Reihen stricken, wie sie erscheinen.

Dieses Raglanjäckchen lässt sich zum Anziehen auf der Rückseite vollständig aufknöpfen.

Vorderteil
67 (77/83) Maschen in Mittelblau anschlagen und im Rippenmuster stricken. Nach 2 (3/4) cm die Jacquardborte nach Strickschrift arbeiten, das Muster dabei mittig ausrichten. Anschließend wieder im Rippenmuster in Mittelblau gerade hoch stricken. In einer Höhe von 11 (12/15) cm für die **Raglanschrägung** beidseitig in jeder 2. Reihe 3 x 2 Maschen abketten, dann in jeder 2. Reihe 14 (18/22) x 1 Masche abketten, indem nach der Randmasche noch 1 linke Masche gearbeitet und die folgenden beiden Maschen rechts zusammengestrickt werden (am linken Rand entsprechend gegengleich).
Gleichzeitig in einer Gesamthöhe von 18 (20/24) cm für den **Halsausschnitt** die mittleren

● 1 Masche glatt rechts in Wollweiß, in Rückreihen links
☐ 1 Masche glatt links in der Grundfarbe, in Rückreihen rechts
  für die Reihen 1, 2, 3 und 13, 14, 15 in Zartblau,
  für die Reihen 4, 5, 6 und 10, 11, 12 in Flieder,
  für die Reihen 7, 8, 9 in Mittelblau

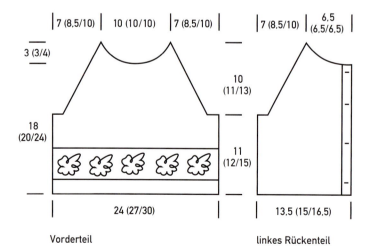

Vorderteil   linkes Rückenteil

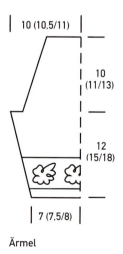

Ärmel

15 Maschen abketten und beide Seiten getrennt beenden. An der Halsseite in jeder 2. Reihe noch 1 x 2 Maschen und 4 x 1 Masche abketten und bis zur letzten Raglanabnahme weiter gerade hoch stricken. Die andere Seite gegengleich fertigstellen.

Rückenteile

Für das **linke Rückenteil** 38 (43/46) Maschen in Mittelblau anschlagen, 33 (38/41) Maschen im Rippenmuster stricken, dann über 5 Maschen für die Knopflochblende *1 Masche rechts, 1 Masche links* abwechseln. In dieser Musterverteilung gerade hoch stricken. Dabei 2 Maschen vom rechten Rand entfernt 4 (4/5) Knopflöcher arbeiten (2 Maschen abketten, darüber in der darauffolgenden Reihe 2 neue Maschen anschlagen). Das 1. Knopfloch nach 2 cm arbeiten, dann noch 3 x nach je 6 cm (3 x nach je 7,5 cm/4 x nach je 6 cm) Höhe.
In einer Höhe von 11 (12/15) cm am linken Rand die Raglanschrägung wie beim Vorderteil arbeiten. Die restlichen 18 (19/18) Maschen abketten. Das rechte Rückenteil gegengleich ohne Knopflöcher arbeiten.

Ärmel

39 (43/45) Maschen in Mittelblau anschlagen und im Rippenmuster stricken. Dabei beidseitig 7 x in jeder 6. (8./10.) Reihe je 1 Masche zunehmen [53 (57/59) Maschen]. In einer Höhe von 2 (3/4) cm die Jacquardborte stricken, die Ärmelzunahmen entsprechend fortsetzen. Nach 12 (15/18) cm ab Anschlag die Abnahmen für die Raglanschrägung an beiden Seiten wie beim Rückenteil ausführen, die restlichen 13 (9/3) Maschen abketten.

Ausarbeitung

Seiten- und Raglannähte schließen. Rings um sämtliche Kanten 1 Runde feste Maschen sowie 1 Runde Picots häkeln (siehe Seite 11) und die Knöpfchen in Höhe der Knopflöcher annähen.
Ebenso beide Ärmelbündchen mit 1 Runde fester Maschen und 1 Runde Picots umhäkeln. Den Mittelpunkt jedes Kleeblattes mit 4 kleinen Spannstichen hervorheben.

Einschlagtuch

Einheitsgröße
bis ca. 6 Monate

Schwierigkeitsgrad *

Material
Schafwolle 2/1, 350 g in Mittelblau, 50 g in Dunkelblau
Rundstricknadel, 5,0 mm
dicke Sticknadel mit Spitze

Maschenprobe
16 M x 24 R = 10 x 10 cm

Shrink-Faktor
Beim Filzen verkleinert sich ein glatt rechts gestricktes Strickstück aus diesem Garn mit dieser Maschenprobe auf 80 % in der Breite (Faktor 1,25) und auf 77 % in der Länge (Faktor 1,30). Für andere Garne bitte eine eigene Maschenprobe filzen und ausmessen!

Ein kuschelwarmes Einschlagtuch mit Beinchen – so ist das Kleine schnell warm eingepackt, zu Hause oder unterwegs in Autoschale und Tragetuch.

Vorderteil

Für das 1. Bein 16 Maschen in Mittelblau anschlagen und glatt rechts stricken. Dabei beidseitig in jeder 2. Reihe 1 x 4 Maschen, 1 x 2 Maschen und 2 x 1 Masche zunehmen und weiter gerade hoch stricken. In einer Gesamthöhe von 30 cm alle Maschen stilllegen, dabei mit einer Rückreihe enden. Das 2. Bein gegengleich arbeiten. Beide Beine in einer Hinreihe auf einer Nadel zusammenfassen, dabei zwischen beiden Teilen 8 neue Maschen anschlagen (72 Maschen). Bis zu einer Gesamthöhe von 39 cm gerade hoch stricken. Beidseitig in jeder 4. Reihe 16 x 1 Masche abketten. In einer Höhe von 67 cm die restlichen 40 Maschen abketten.

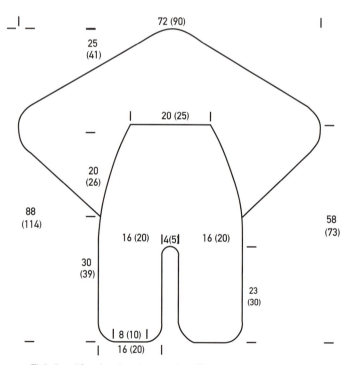

Einheitsgröße, aber Angaben vor dem Filzen und nach dem Filzen

Rückenteil

Zunächst wie das Vorderteil arbeiten. In 39 cm Höhe (72 Maschen) dann aber beidseitig in jeder 2. Reihe 36 x 1 Masche zunehmen (144 Maschen). 10 Reihen gerade hoch stricken. In 2 aufeinanderfolgenden Reihen beidseitig je 1 Masche abnehmen, danach 1 Reihe ohne Abnahmen stricken. Diese 3 Reihen insgesamt 33 x arbeiten. Die verbleibenden 12 Maschen abketten.

Ausarbeitung

Die Hosennaht von Vorderteil und Rückenteil schließen. Das Einschlagtuch 2 x bei 60 °C in der Waschmaschine verfilzen (siehe Seite 10), einmal mit Essigessenz und Lanolinkur behandeln und noch feucht in Form ziehen. Nach dem Trocknen alle Außenkanten mit weiten Schlingstichen in Dunkelblau umsticken.

Tipp

Wird das Baby größer und die kleinen Ärmchen aktiver, verhindert ein Stückchen Klettverschluss, das an beide Seitenteile gesteppt wird, dass das Baby das Tuch aufschlägt.
Achtung! Klettbänder nur geschlossen in die Wollwäsche geben, sonst sammeln sie jede Menge Flusen und werden mit der Zeit unbrauchbar!

Cache Cœur und Mützchen

Größe
50 – 56 (56 – 62/62 – 68)
Kopfumfang 35 (39/43) cm

Schwierigkeitsgrad **

Material
Schafwolle 11/3, 150 (150/150) g
in Flieder
Rundstricknadel, 3,0 mm
Häkelnadel, 2,5 mm
2 Knöpfe, Ø 13 mm

Maschenprobe
28 M x 40 R = 10 x 10 cm

Vorder- und Rückenteil

164 (179/197) Maschen anschlagen und glatt rechts stricken. In einer Höhe von 9 (10/12) cm beidseitig in jeder 2. Reihe für den Halsausschnitt 1 x 3 Maschen, 11 (12/14) x 2 Maschen und 7 (8/9) x 1 Masche abnehmen.

Gleichzeitig in einer Höhe von 11 (13/16) cm zunächst über die mittleren 58 (63/69) Maschen das Rückenteil fertigstellen.
Für die Armausschnitte des **Rückenteils** beidseitig in jeder 2. Reihe 1 x 2 Maschen und 4 x 1 Masche abnehmen. In einer Höhe von 20 (23/27) cm für den Halsausschnitt die mittleren 8 (9/9) Maschen abketten und beide Rückenteilseiten getrennt beenden. An der Halsausschnittseite dabei jeweils in der 2. Reihe noch einmal 4 (5/6) Maschen abketten. Die verbleibenden 15 (16/18) Schultermaschen abketten.
Für den Halsausschnitt des **Vorderteils** weiter nach obigem Abnahmeschema stricken und gleichzeitig auf der Armausschnittseite in jeder 2. Reihe 1 x 2 Maschen und 4 x 1 Masche abnehmen. Dann an der Ärmelseite weiter gerade hoch arbeiten. In einer Höhe von 21 (24/28) cm die verbleibenden 15 (16/18) Schultermaschen abketten. Das 2. Vorderteil gegengleich fertigstellen.

Ärmel

37 (37/39) Maschen anschlagen und glatt rechts stricken. In jeder 4. Reihe an beiden Seiten 8 (10/12) x 1 Masche zunehmen. In einer Höhe von 12 (14/18) cm für die Armkugel beidseitig 1 x 4 Maschen abketten und in jeder 2. Reihe weiter 1 x 3 Maschen, 2 x 2 Maschen und 2 x 3 Maschen abketten. Die verbleibenden 19 (23/29) Maschen locker abketten.

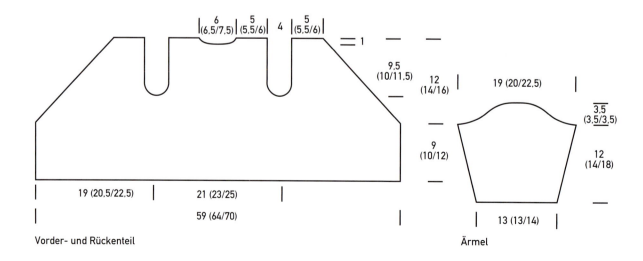

Vorder- und Rückenteil

Ärmel

Ausarbeitung

Die Schulternähte schließen und die Ärmel einnähen. Um Vorder- und Rückenteil, Halsausschnitt und Saum 2 Runden feste Maschen und 1 Runde Picots häkeln. Dabei in der 2. Runde im unteren geraden Teil des rechten Vorderteils 2 Knopflöcher einhäkeln und die Knöpfchen in Höhe der Knopflöcher annähen.

Mütze

92 (102/112) Maschen anschlagen und 5 Reihen kraus rechts, dann glatt rechts stricken. In einer Höhe von 4,5 (5,5/6,5) cm die 1. Abnahmereihe arbeiten: 1 Masche rechts, *7 (8/9) Maschen rechts stricken, 2 Maschen rechts zusammenstricken*, 1 Masche rechts stricken. In jeder 2. Reihe die Abnahmen über den vorhergehenden wiederholen (die Maschen zwischen den Abnahmen reduzieren sich dabei jeweils um 1 Masche), bis nur noch 6 Maschen übrig sind.
Über diese 6 Maschen eine Kordel aus 6 Reihen stricken (siehe Seite 11). Den Faden trennen und die Mützennaht schließen. 2 Runden feste Maschen und 1 Runde Picots um den Mützenrand häkeln (siehe Seite 11).

Cache Cœur und Mützchen

Gefilztes Pucksäckchen

Einheitsgröße
für die ersten Monate

Schwierigkeitsgrad *

Material
Schafwolle 2/1, 400 g in Rosé
Schafwolle 11/3, 100 g in Flieder
Rundstricknadel, 5,0 mm
Rundstricknadel, 3,0 mm
Stecknadeln

Maschenprobe
28 M x 40 R = 10 x 10 cm
(Schafwolle 11/3)
16 M x 24 R = 10 x 10 cm
(Schafwolle 2/1)

Bündchenmuster
1 RM, *2 Maschen rechts, 2 Maschen links*, 1 RM

Shrink-Faktor
Beim Filzen verkleinert sich ein glatt rechts gestricktes Strickstück aus diesem Garn mit dieser Maschenprobe auf 80 % in der Breite (Faktor 1,25) und auf 77 % in der Länge (Faktor 1,30). Für andere Garne bitte eine eigene Maschenprobe filzen und ausmessen!

Pucksäckchen schenken den Allerkleinsten Geborgenheit und beruhigen oft auch Schreikinder.

Filzsäckchen

114 Maschen in Rosé mit Nadelstärke 5,0 mm anschlagen und glatt rechts in Runden stricken. In einer Höhe von 64 cm 2 Maschen rechts zusammenstricken, 2 Maschen rechts überzogen zusammenstricken, 53 Maschen stricken, 2 Maschen rechts zusammenstricken, 2 Maschen rechts überzogen zusammenstricken, 53 Maschen stricken. Diese Abnahmen noch 17 x in jeder 2. Runde so wiederholen, dass die Abnahmen übereinanderliegen und sich die Zahl an rechten Maschen zwischen den Abnahmen jeweils um 2 Maschen reduziert.
Über die verbleibenden 42 Maschen noch 1 Runde rechts stricken, dann 5 Maschen abketten, 11 Maschen rechts stricken, wenden, 11 Maschen links stricken, wenden, und 11 Maschen abketten. Die folgenden 10 Maschen abketten, 11 Maschen rechts stricken, wenden, 11 Maschen links stricken, wenden,

11 Maschen abketten und die letzten 5 Maschen abketten. Den unteren Abkettrand mit einem Faden in Rosé schließen, alle Fäden vernähen und das Säckchen in der Waschmaschine verfilzen (siehe Seite 10). Anschließend noch feucht in Form ziehen, sodass es eine Breite von 42 cm und eine Länge von 52 cm hat.
Es ist ratsam, das Säckchen nun bereits auf links gezogen mit Essigessenz und Lanolinkur zu behandeln, da der Filzstoff mehr Lanolin benötig als das später angenähte Strickbündchen.
Für das **Bündchen** 162 Maschen in Flieder mit Nadelstärke 3,0 mm anschlagen und im Bündchenmuster in Reihen stricken. In 16 cm Höhe alle Maschen sehr locker abketten.

Ausarbeitung

Das Bündchen an der schmalen Seite zur Runde schließen, die Bündchenkante von innen an der Säckchenkante feststecken und locker annähen. Den Bündchenstreifen nach außen umschlagen und noch einmal von außen an der Säckchenkante annähen.

Kuscheldecke

Größe
85 x 85 cm

Schwierigkeitsgrad ***

Material
Wolle/Seide, 450 g in Natur
Nadelspiel, 3,0 mm
4 Rundstricknadeln, 3,0 mm
Maschenmarkierer

Maschenprobe
Kraus rechts 23 M x 33 R =
10 x 10 cm

Eine kleine Kostbarkeit für die ersten Monate. Das Garn aus Wolle und Seide wärmt, ohne dass sich die Hitze staut, und fühlt sich kuschelweich an. Durch ihre Größe hat diese Decke das Zeug zum ständigen Begleiter für unterwegs, genau das Richtige zum Pucken, Einkuscheln …

Mittelteil

12 Maschen gleichmäßig auf 4 Spielnadeln verteilt anschlagen. 1 Runde rechts stricken, dabei nach der 1. Masche und vor der letzten Masche jeder Nadel jeweils 1 Masche aus dem Querfaden zunehmen (= 8 Eckzunahmen pro Runde). In der folgenden Runde links stricken. Diese beiden Runden wiederholen, bis die Decke eine Größe von 65 x 65 cm erreicht hat. Dabei zunächst auf dem Nadelspiel, dann auf einer Rundstricknadel, auf 2 und schließlich auf 4 Rundstricknadeln arbeiten. Alle Maschen in einer rechten Reihe locker abketten.

Flechtborte

34 Maschen anschlagen und im Flechtmuster nach Strickschrift stricken. Nach 65 cm Länge mit einer Reihe 3 in die 1. **Ecke** starten. Diese Reihe bis auf die letzten 3 Maschen nach Strickschrift arbeiten, wenden, die 1. Masche wie zum Linksstricken abheben, den Faden fest nach hinten ziehen, sodass sich 2 Fäden auf die Nadel ziehen (= mit doppelter Masche wenden), 1 Masche nach Muster stricken, einen Maschenmarkierer auf die rechte Nadel hängen und die restlichen Maschen der Rückreihe arbeiten.

Flechtborte

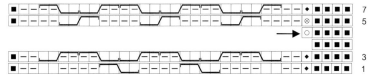

Die beiden Reihen zwischen den Reihen 3 und 5 dienen dazu, die Höhe des rechts kraus gestrickten Randes der Höhe der restlichen Reihen anzupassen.

- ☐ 1 Masche glatt rechts
- ⊟ 1 Masche glatt links
- ■ 1 Masche kraus rechts
- ♦ 1 Masche rechts verschränkt, in der Rückreihe links verschränkt
- ⌂ 1 Masche abketten
- ○ 1 Umschlag
- ⊗ 1 Umschlag abheben, 1 Masche im Uhrzeigersinn verdrehen und Masche mit dem Umschlag rechts zusammenstricken
- 2 Maschen auf einer Hilfsnadel vor die Arbeit legen, 2 Maschen links stricken, dann die beiden Maschen rechts stricken
- 2 Maschen auf einer Hilfsnadel hinter die Arbeit legen, 2 Maschen rechts stricken, dann die beiden Maschen links stricken
- 2 Maschen auf einer Hilfsnadel hinter die Arbeit legen, 2 Maschen rechts stricken, dann die beiden Maschen rechts stricken
- 2 Maschen auf einer Hilfsnadel vor die Arbeit legen, 2 Maschen rechts stricken, dann die beiden Maschen rechts stricken

In den folgenden Reihen im Muster bis zur Markierung stricken, offene Zöpfe zunächst vervollständigen und mit doppelter Masche wenden. Den Markierer nach der 1. regulären Masche der Rückreihe wieder einhängen.

Auf diese Weise in jeder 2. Reihe 2 Maschen stilllegen, bis nur noch die letzten beiden Maschen der Randblende als reguläre Maschen vorliegen.

2 Reihen über alle Maschen und doppelte Maschen stricken, wie sie erscheinen. In der folgenden Hinreihe 3 Maschen des rechten Randes rechts stricken, mit doppelter Masche wenden und 2 Maschen rechts stricken. In den folgenden Reihen jeweils 2 Maschen über die doppelte Masche hinaus stricken und wieder mit doppelter Masche wenden. Dabei zunächst alle Maschen stricken, wie sie erscheinen. Sobald die 11. Masche als doppelte Masche auf der Nadel liegt, das Flechtmuster in der folgenden Hinreihe wieder mit Reihe 3 der Strickschrift fortsetzen. Offene Zöpfe stets schließen, die letzten beiden Maschen vor dem Wenden nicht mehr verzopfen, sondern stricken, wie sie erscheinen. Mit Reihe 1 der Strickschrift das nächste gerade Stück der Borte beginnen. Jeweils ein 65 cm langes Bortenstück mit einer Ecke abwechseln, bis die Borte zum quadratischen Streifen geschlossen und an das Mittelstück genäht werden kann.

Kuscheldecke 35

Zwergenjäckchen

Größe
62–68 (74–80)

Schwierigkeitsgrad **

Material
Schafwolle 2/1, je 100 g in Zartblau, Wollweiß und Lindgrün
Rundstricknadel, 4,5 mm
Häkelnadel, 3,5 mm, 4 Knöpfe

Maschenprobe
16,5 M x 24 R = 10 x 10 cm

Bündchenmuster
RM, *1 Masche links, 1 Masche rechts*, 1 Masche links, RM

Streifenfolge
Je 2 Reihen in Zartblau, Wollweiß und Lindgrün

Schön warm – und die Quaste sorgt für gute Laune!

Rücken- und Vorderteile

101 (115) Maschen in Zartblau anschlagen und in der Streifenfolge zunächst 5 Reihen im Bündchenmuster, dann weiter glatt rechts arbeiten. Dabei die ersten und die letzten 5 Maschen weiter im Bündchenmuster arbeiten.

In der Blende des linken Vorderteils nach 3,5 cm (in der 9. Reihe) und noch 3x nach jeweils 6,5 (7,0) cm 3 Maschen vom Rand entfernt ein Knopfloch arbeiten (2 Maschen abketten, in der Reihe darüber 2 neue Maschen anschlagen). In einer Höhe von 16 (17) cm in einer Hinreihe 24 (27) Maschen stricken, 4 Maschen für den Armausschnitt abketten, 45 (53) Maschen stricken, 4 Maschen für den 2. Armausschnitt abketten und über die restlichen 24 (27) Maschen zunächst das linke **Vorderteil** fertigstellen.
An der Ärmelseite in jeder 2. Reihe noch 1 x 2 Maschen und 2 x 1 Masche abketten [20 (23) Maschen], dann weiter gerade hoch arbeiten. In einer Höhe von 26 (28) cm für den vorderen Halsausschnitt am linken Rand in jeder 2. Reihe 1 x 5 Maschen, 1 x 3 Maschen, 1 x 2 Maschen und 1 x 1 Masche abketten. Nach 30 (32) cm die restlichen 9 (12) Maschen abketten.
Das rechte Vorderteil gegengleich ohne Knopflöcher arbeiten.
Für das **Rückenteil** beidseitig für die Armausschnitte in jeder 2. Reihe 1 x 2 Maschen und

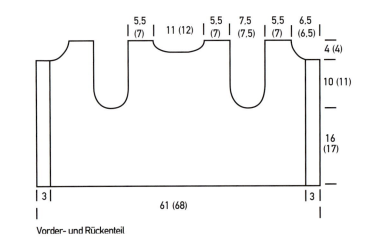

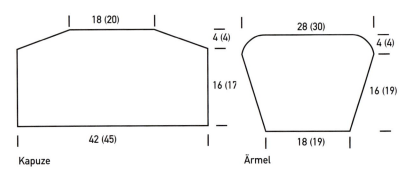

2 x 1 Masche abketten [37 (45) Maschen], dann weiter gerade hoch arbeiten. In einer Höhe von 29 (31) cm für den hinteren Halsausschnitt die mittleren 15 (17) Maschen abketten und beide Seiten getrennt beenden. Nach 2 Reihen noch jeweils 1 x 2 Maschen an der Halsseite, dann jeweils die restlichen 9 (12) Schultermaschen abketten.

Ärmel

30 (32) Maschen in Zartblau anschlagen und wie bei Vorder- und Rückenteil alles in der Streifenfolge stricken. Zunächst 5 Reihen im Bündchenmuster stricken, dann glatt rechts weiterarbeiten. Dabei beidseitig 6 (9) x in jeder 4. Reihe und 2/0 x in jeder 2. Reihe 1 Masche zunehmen [46 (50) Maschen]. Für die Armkugel in 16/19 cm Gesamthöhe an beiden Seiten in jeder 2. Reihe 1 x 3 Maschen, 4 x 2 Maschen und dann die restlichen 24 (28) Maschen auf einmal abketten.

Kapuze

70 (74) Maschen in Zartblau anschlagen und in der Streifenfolge zunächst 5 Reihen im Bündchenmuster, dann glatt rechts gerade hoch stricken. In einer Höhe von 16 (17) cm an beiden Seiten in jeder 2. Reihe 5 x 4 Maschen, dann die restlichen 30 (34) Maschen abketten.

Ausarbeitung

Schulternähte schließen und Ärmel einsetzen.
Die Mütze zur Hälfte falten und die Abkettkante von der gefalteten Mitte aus 15 cm lang schließen. Die Kapuze am Halsausschnitt annähen. Vorderteile und Kapuzenrand in Zartblau mit festen Maschen umhäkeln. Einen Faden in Wollweiß etwa 20 x um die linke Handfläche wickeln, einen 10 cm langen Faden durch die Schlingen ziehen und fest verknoten. Einen weiteren Faden 2 cm unterhalb des Knotens mehrmals um die Quaste binden und verknoten. Die Quaste an die Zipfelkapuze nähen. Die Knöpfchen in Höhe der Knopflöcher annähen.

Strampelhose

Größe
62–68

Schwierigkeitsgrad **

Material
Schafwolle 11/3, 150 g in Hell-Lila meliert
Rundstricknadel, 3,0 mm
Rundstricknadel, 2,5 mm
12 Perlmuttknöpfe, Ø 10 mm

Maschenprobe
28 M x 40 R = 10 x 10 cm

Bündchenmuster
RM, *1 Masche rechts, 1 Masche links*, RM

Ein praktisches Basicteilchen, das sportlich oder verspielt daherkommt, viel Platz auch für große Windelpäckchen bietet und lange mitwächst.

Rückenteil

Für das **rechte Bein** 40 Maschen anschlagen und 2 cm im Bündchenmuster stricken. Weiter glatt rechts stricken, dabei an der linken Seite für die Beinschrägung 12 x in jeder 2. Reihe und 3 x in jeder 4. Reihe je 1 Masche zunehmen. Gleichzeitig an der rechten Seite in jeder 4. Reihe 9 x 1 Masche zunehmen (64 Maschen).
In einer Höhe von 14 cm an der linken Seite in jeder 2. Reihe 1 x 5 Maschen, 4 x 2 Maschen und 4 x 1 Masche abketten. Die restlichen 47 Maschen stilllegen. Das **linke Bein** gegengleich arbeiten.
Beide Teile auf einer Nadel zusammenfassen und glatt rechts stricken. Dabei die beiden Randmaschen, die in der Mitte aneinanderstoßen, rechts zusammenstricken (93 Maschen).
In einer Höhe von 23 cm beidseitig je 6 Maschen abketten, dann an beiden Seiten 6 x in jeder 8. Reihe je 1 Masche abketten (69 Maschen).
Für den Armausschnitt in einer Gesamthöhe von 39 cm an beiden Seiten in jeder 2. Reihe noch 1 x 3 Maschen, 2 x 2 Maschen und 4 x 1 Masche abketten (47 Maschen).
Nach 5 cm ab Armausschnitt die mittleren 11 Maschen abketten und beide Seiten getrennt beenden. An der Halsseite in jeder 2. Reihe noch 1 x 3 Maschen, 1 x 2 Maschen und 5 x 1 Masche abketten. Die verbleibenden 8 Schultermaschen in 13 cm Armlochhöhe abketten und die 2. Seite gegengleich arbeiten.

Vorderteil

Für das **rechte Bein** 40 Maschen anschlagen, 2 cm im Bündchenmuster und weiter

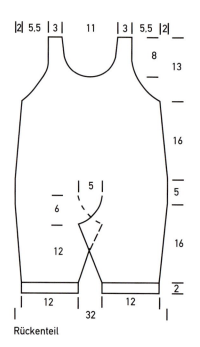

Rückenteil

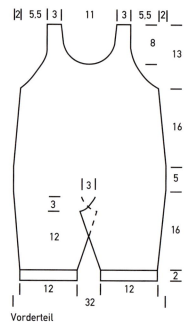

Vorderteil

glatt rechts stricken. Dabei an der linken Seite für die Beinschrägung 4x in jeder 6. Reihe und 3x in jeder 8. Reihe je 1 Masche zunehmen. Gleichzeitig an der rechten Seite in jeder 4. Reihe 9x1 Masche zunehmen (56 Maschen).
In einer Höhe von 14 cm an der linken Seite in jeder 2. Reihe 1x3 Maschen, 2x2 Maschen und 3x1 Masche abketten. Die restlichen 46 Maschen stilllegen. Das linke Bein gegengleich arbeiten und das Vorderteil wie das Rückenteil fertigstellen.

Ausarbeitung

Die Beinnähte schließen. Für die Vorderteilblende aus Seitenteilen, Trägern, Hals- und Armausschnitten neue Maschen mit Nadelstärke 2,5 mm auffassen (siehe Seite 11) und 2 cm im Bündchenmuster arbeiten. Dabei in jeder Hinreihe an den Ecken der Träger und an den Ecken zur Verschlusskante vor und nach jeder Eckmasche je 1 Masche zunehmen.
In der 4. Reihe 12 Knopflöcher arbeiten (2 Maschen abketten, in der folgenden Reihe 2 Maschen darüber anschlagen), an den Verschlusskanten 3 Maschen vom unteren Rand entfernt und dann noch 3x nach je 4,5 cm und an den Trägern jeweils von der Eckmasche zur Trägermitte. Nach 2 cm alle Maschen locker abketten.
Aus den beiden Seiten des Rückenteils je 46 neue Maschen auffassen, mit Nadelstärke 2,5 mm 2 cm im Bündchenmuster arbeiten und die Maschen stilllegen. Wie für das Vorderteil beschrieben, eine 2 cm breite Blende ohne Knopflöcher arbeiten. Die Knöpfchen in Höhe der Knopflöcher annähen.

Jäckchen mit Spitzenkragen

Größe
56–62 (68–74/80–86/92–98)

Schwierigkeitsgrad **

Material
Schafwolle 11/3, 100 (150/150/200) g in Kardinalrot
Rundstricknadel, 3,0 mm
3 (3/4/4) Knöpfe, Ø 13 mm

Maschenprobe
28 M x 40 R = 10 x 10 cm, kraus rechts 28 M x 48 R = 10 x 10 cm

Bortenspitze

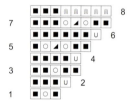

- ■ 1 Masche rechts kraus
- ○ 1 Umschlag
- U 1 Masche abheben
- ◢ 2 Maschen rechts zusammenstricken
- n 1 Masche abketten

Chic für kleine Damen! Variiert man Farbe und Knöpfe, erscheint sie mal leger im Landhausstil, mal richtig fein.

Rückenteil
68 (78/86/98) Maschen anschlagen, bis zu einer Höhe von 18 (22/27/31) cm glatt rechts stricken und alle Maschen locker abketten.

Rechtes und linkes Vorderteil
37 (42/46/52) Maschen anschlagen und glatt rechts stricken, gleichzeitig aber die letzten 6 Maschen jeder Rückreihe kraus rechts für die Knopflochblende arbeiten.
In der 5. Reihe nach Anschlag die mittleren beiden Maschen der Knopflochblende abketten, in der folgenden Reihe 2 neue Maschen über dem Knopfloch anschlagen. Noch 2 x in jeder 12. Reihe (3 x in jeder 12. Reihe/3 x in jeder 14. Reihe/3 x in jeder 16. Reihe) 1 Knopfloch arbeiten.
In einer Höhe von 8 (11/14/16) cm am rechten Rand 6 Maschen abketten und für den Halsausschnitt an der gleichen Seite in jeder 3. Reihe 14 (15/16/18) x 1 Masche abnehmen. In einer Höhe von 18 (22/27/31) cm die restlichen 17 (21/24/28) Maschen locker abketten. Das linke Vorderteil gegengleich ohne Knopflöcher arbeiten.

Ärmel
36 (42/52/62) Maschen anschlagen und glatt rechts stricken, dabei für die Ärmelschräge an beiden Seiten 10 x in jeder 4. (6./8./10.) Reihe je 1 Masche zunehmen. In einer Höhe von 13 (16/20/25) cm alle Maschen locker abketten.

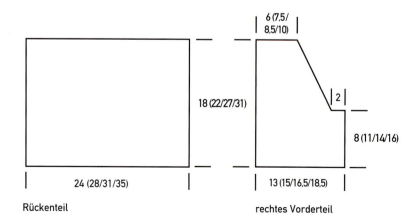

Rückenteil — rechtes Vorderteil

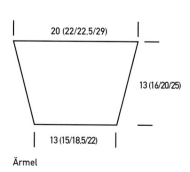

Ärmel

Jäckchen mit Spitzenkragen

Matrosenkragen

52 (54/56/60) Maschen anschlagen und 5 (6/7/8) cm kraus rechts stricken. Die mittleren 34 (36/38/42) Maschen abketten und beide Seiten getrennt fertigstellen.
Über die an beiden Seiten jeweils verbleibenden 9 Maschen weiter kraus rechts stricken, dabei an der Halsseite in jeder 6. (7./9./10.) Reihe 7 x 1 Masche abketten und noch 6 (7/9/10) Reihen weiter kraus rechts stricken. Die restlichen 2 Maschen abketten.

Ausarbeitung

Ärmel-, Schulter und Seitennähte schließen und die Ärmel einsetzen. Den Matrosenkragen annähen und die Knopfblende dabei freilassen.
Für die Ärmelborten 2 Spitzenborten von je 13 (15/19/22) cm Länge, für die untere Blende eine Spitzenborte von 50 (58/64/72) cm Länge und für den Kragen eine Spitzenborte von 34 (37/43/49) cm Länge stricken (leicht gedehnt messen!) und annähen. Die Knöpfchen in Höhe der Knopflöcher annähen.

Schalkragenpulli

Größe
62–68 (74–80)

Schwierigkeitsgrad **

Material
Schafwolle 11/3, 150 (200) g
in Zartblau
Rundstricknadel, 3,0 mm
2 Knöpfe, Ø 10 mm
2 Maschenmarkierer

Maschenprobe
28 M x 40 R = 10 x 10 cm

Grundmuster
1. Reihe (Hinreihe): RM, *1 Masche links, 3 Maschen rechts*, RM
2. – 4. Reihe: glatt rechts
5. Reihe: RM, *2 Maschen rechts, 1 Masche links, 1 Masche rechts*
6. – 8. Reihe: glatt rechts

Ein hübscher Pulli für kleine Jungs mit raffinierter Kragenlösung. So gibt's keine Probleme beim Anziehen!

Rückenteil
78 (84) Maschen anschlagen und 2 cm kraus rechts stricken. In der letzten Reihe gleichmäßig verteilt 6 Maschen zunehmen (versetzt nach jeder 13. (12.) Masche) und im Grundmuster gerade hoch stricken. In 14 (17) cm Höhe für den Armausschnitt beidseitig je 7 Maschen, in einer Höhe von 27 (31) cm die mittleren 38 (42) Maschen abketten. In einer Höhe von 28 (32) cm die restlichen 16 (17) Maschen abketten.

Vorderteil
Wie das Rückenteil arbeiten, jedoch für den Halsausschnitt nach 20 (21) cm die mittleren 6 Maschen abketten und beide Seiten getrennt beenden. In einer Höhe von 24 (27) cm in jeder 2. Reihe an der Halsausschnittseite 8 (9) x 2 Maschen, dann die restlichen 16 (17) Schultermaschen locker abketten.

Ärmel
44 (47) Maschen anschlagen und 2 cm kraus rechts stricken. In der letzten Reihe gleichmäßig verteilt 4 (5) Maschen zunehmen (versetzt nach jeder 11. (9.) Masche).
Im Grundmuster gerade hoch stricken, dabei beidseitig 10 x in jeder 4. Reihe (11 x in jeder 5. Reihe) je 1 Masche zunehmen. Bis zu einer Höhe von 16 (21) cm gerade weiterarbeiten und abketten.

Ausarbeitung
Schulter- und Seitennähte schließen und die Ärmel einsetzen. Für Knopfleiste und Schalkragen neue Maschen aus dem rechten Vorderteilausschnitt auffassen (siehe

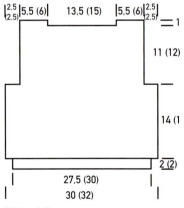
Rückenteil

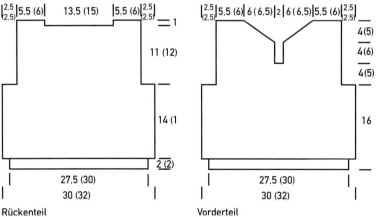
Vorderteil

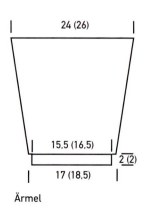
Ärmel

Seite 11), einen Maschenmarkierer einhängen, Maschen aus dem Halsausschnitt auffassen, einen 2. Markierer einhängen und Maschen aus dem linken Vorderteilausschnitt auffassen. Über alle Maschen 9 Reihen kraus rechts stricken, dabei in der 5. Reihe (Rückreihe) 2 Knopflöcher arbeiten: am Übergang zur Halsschräge und etwa 1 cm vom unteren Rand der Knopfleiste entfernt. In der 10. Reihe (Hinreihe) bereits 2 Maschen vor dem 2. Maschenmarkierer wenden, die 1. Masche wie zum Linksstricken abheben und den Faden fest nach hinten ziehen, sodass sich 2 Fäden der Vorreihe auf die Nadel legen. Die Rückreihe weiterarbeiten, wieder 2 Maschen vor der nächsten Markierung wenden, abheben und den Faden nach hinten ziehen. Diese beiden Reihen noch 3x wiederholen, dabei jeweils 2 Maschen vor der unteren Wendemasche wenden, also in jeder Reihe 2 Maschen weniger stricken.

In der folgenden Hinreihe Maschen und doppelte Wendemaschen bis zum Reihenende (untere Knopflochblende) rechts stricken, wenden, noch 1 Rückreihe rechts stricken und abketten. Knöpfe annähen.

Mustermixpulli

Größe
68 – 74 (80 – 86/92 – 98)

Schwierigkeitsgrad ***

Material
Wolle/Seide, 200 (200/250) g in Natur
Rundstricknadel, 3,0 mm
Zopfnadel, 2,5 mm
Nadelspiel, 3,0 mm
Häkelnadel, 2,5 mm

Maschenprobe
26 M x 36 R = 10 x 10 cm
Im Muster 28 M x 44 R = 10 x 10 cm

Bündchenmuster
1 Masche rechts, 1 Masche links in der Runde

Gehäkelte Randnoppe
5 Stäbchen in 1 Grundmasche hineinhäkeln, dabei alle 5 Stäbchen mit der letzten Schlinge zusammenziehen und noch 1 feste Masche von hinten in die Grundmasche arbeiten.

Grundmuster-Zopf
3 Maschen auf einer Zopfnadel hinter die Arbeit legen und die folgende Masche rechts stricken. Die 3 Zopfmaschen wieder zurück auf die linke Nadel heben und die 1. Zopfmasche noch einmal auf einer Zopfnadel vor die Arbeit legen. 1 Masche links, 1 Masche rechts und die Masche der Zopfnadel rechts stricken.

Grundmuster
1., 3., 5., 7. Reihe (Rückreihen): RM, 3 Maschen links, *2 Maschen rechts, 6 Maschen links*, 2 Maschen rechts, 3 Maschen links, RM
2., 4., 6. Reihe (Hinreihen): RM, alle Maschen rechts stricken, RM
8. Reihe: RM, 2 Maschen links, *1 Masche abheben, 2 Maschen rechts, 1 Masche abheben, 4 Maschen links*, 1 Masche abheben, 2 Maschen rechts, 1 Masche abheben, 2 Maschen links, RM
9. Reihe: Den Faden beim Abheben jeweils auf der Rückseite laufen lassen!
RM, 2 Maschen rechts, *1 Masche abheben, 2 Maschen links, 1 Masche abheben, 4 Maschen rechts*, 1 Masche abheben, 2 Maschen links, 1 Masche abheben, 2 Maschen rechts, RM
10. Reihe: RM, 2 Maschen links, *4 Maschen Grundmuster-Zopf, 4 Maschen links*, 4 Maschen Grundmuster-Zopf, 2 Maschen links, RM

Knötchenstreifen
4 Maschen glatt links stricken. In jeder 4. Reihe (Hinreihe) 1 kleine Noppe arbeiten: Aus dem Querfaden zwischen der 2. und 3. Masche 6 Maschen herausstricken (1 Masche rechts und 1 Masche links im Wechsel), dann nacheinander die 5., 4., 3., 2., 1. Masche über die 6. Masche heben.

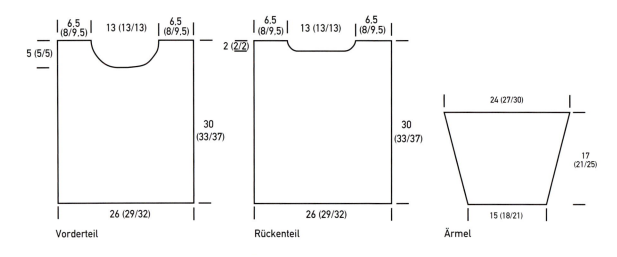

Vorderteil   Rückenteil   Ärmel

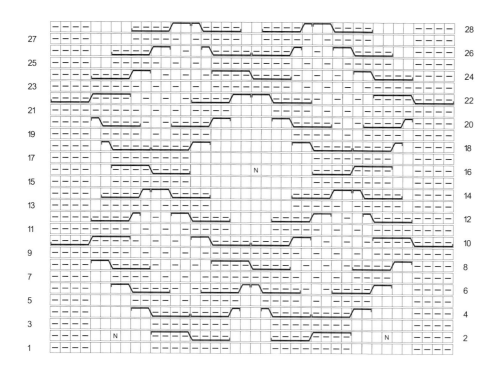

Der besseren Übersicht wegen, sind bei dieser Strickschrift die Symbole für rechte und linke Masche geändert.

- ☐ 1 Masche glatt links, in Rückreihen rechts
- − 1 Masche glatt rechts, in Rückreihen links
- N 1 Masche rechts, aus dem Querfaden zur nächsten Masche 6 Maschen herausstricken und nacheinander die 5., 4., 3., 2. und 1. Masche über die 6. Masche heben, die 6. Masche mit der folgenden Masche rechts zusammenstricken

4 Maschen auf einer Zopfnadel hinter die Arbeit legen, 4 Maschen rechts stricken, dann die 4 Maschen der Zopfnadel rechts stricken

2 Maschen auf einer Zopfnadel hinter die Arbeit legen, 4 Maschen rechts stricken, dann die 2 Maschen der Zopfnadel links stricken

1 Masche auf einer Zopfnadel hinter die Arbeit legen, 4 Maschen rechts stricken, dann die Maschen der Zopfnadel links stricken

4 Maschen auf einer Zopfnadel vor die Arbeit legen, 1 Masche links stricken, dann die 4 Maschen der Zopfnadel rechts stricken

4 Maschen auf einer Zopfnadel vor die Arbeit legen, 2 Maschen links stricken, dann die 4 Maschen der Zopfnadel rechts stricken

4 Maschen auf einer Zopfnadel vor die Arbeit legen, 4 Maschen rechts stricken, dann die 4 Maschen der Zopfnadel rechts stricken

Mustermixpulli

Ein kleines Meisterstück aus edlem Material – der wird heiß geliebt und lange getragen!

Rückenteil

74 (82/90) Maschen anschlagen und 6 Reihen kraus rechts, dann 3 (3/4) cm glatt rechts stricken. Weiter im Grundmuster gerade hoch stricken.
In einer Höhe von 28 (31/35) cm für den Halsausschnitt die mittleren 24 Maschen locker abketten und beide Seiten getrennt fertigstellen. Dabei an der Halsseite in jeder 2. Reihe 1 x 6 Maschen, anschließend die restlichen 19 (23/27) Schultermaschen abketten.

Vorderteil

74 (82/90) Maschen anschlagen und 6 Reihen kraus rechts, dann 3 (3/4) cm glatt rechts stricken. Dabei in der letzten Hinreihe 10 Maschen für den Übergang zum großen Zopfmuster zunehmen: Nach 23 (27/31) Maschen 1 Masche zunehmen, dann noch 9 x nach jeweils 3 Maschen 1 Masche zunehmen [84 (92/100) Maschen].
In der folgenden Rückreihe mit der Mustereinteilung beginnen und gerade hoch weiterarbeiten: 18 (22/26) Maschen Grundmuster, (innen liegende Randmaschen im Muster stricken), 4 Maschen Knötchenstreifen, 40 Maschen Zopfmuster, 4 Maschen Knötchenstreifen und 18 (22/26) Maschen Grundmuster. In einer Höhe von 25 (28/32) cm für den Halsausschnitt die mittleren 28 Maschen locker abketten und beide Seiten getrennt fertigstellen. Dabei an der Halsseite in jeder 2. Reihe 1 x 5 Maschen, 1 x 2 Maschen und 2 x 1 Masche, anschließend die restlichen 19 (23/27) Schultermaschen abketten.

Ärmel

42 (50/58) Maschen anschlagen und 6 Reihen kraus rechts, dann 3 (3/4) cm glatt rechts stricken, anschließend weiter im Grundmuster arbeiten. Dabei für die Ärmelschrägung beidseitig 13 x in jeder 6. (7./8.) Reihe je 1 Masche zunehmen. In einer Höhe von 17 (21/25) cm alle Maschen abketten.

Ausarbeitung und Kragen

Schulter-, Seiten- und Ärmelnähte schließen und die Ärmel einnähen. Mit einem Nadelspiel 104 Maschen aus dem gesamten Halsausschnitt auffassen, 2 cm im Bündchenmuster und 5 Reihen kraus rechts in Runden stricken. Alle Maschen sehr locker abketten, damit der Ausschnitt nicht zu eng für den Kopf wird.
Um Halsausschnitt, Ärmel- und Saumblenden mit einer Häkelnadel 1 Runde feste Maschen häkeln, dabei nach jeweils 2 festen Maschen jeweils 1 Randnoppe häkeln.

Mustermixpulli 47

Reißverschlussjacke

Größe
56 – 68 (74 – 86)

Schwierigkeitsgrad **

Material
Schafwolle 11/3, 150 (200) g
in Mittelblau
Rundstricknadel, 2,5 mm
Rundstricknadel, 3,0 mm
Reißverschluss, 25 (29) cm lang

Maschenprobe
28 M x 40 R = 10 x 10 cm,
im Rippenmuster 30 M x 40 R =
10 x 10 cm

Rippenmuster
1. Reihe (Rückreihe): 1 RM, 1 Masche links, *2 Maschen rechts, 2 Maschen links*, 2 Maschen rechts, 1 Masche links, 1 RM
In allen weiteren Reihen die Maschen stricken, wie sie erscheinen.
4 Maschen in einer linken Rippe zunehmen.
Nach 2 rechten Maschen 1 Masche links zunehmen, 1 Masche links stricken, 1 Masche rechts zunehmen, 1 Umschlag, 1 Masche links stricken, 1 Masche links zunehmen.

Ein universelles Basic-Teil für Jungs wie Mädchen, das lange passt und prima kombiniert werden kann.

Rückenteil
94 (102) Maschen mit Nadelstärke 3,0 mm anschlagen und im Rippenmuster stricken. In einer Höhe von 30 (34) cm alle Maschen locker abketten.

Linkes und rechtes Vorderteil
47 (51) Maschen mit Nadelstärke 3,0 mm anschlagen und im Rippenmuster stricken. In 25 (29) cm Höhe für den Halsausschnitt an der linken Seite in jeder 2. Reihe 1 x 6 (8) Maschen, 1 x 4 Maschen, 1 x 3 Maschen, 1 x 2 Maschen und 2 x 1 Masche abketten. In 30 (34) cm Höhe die restlichen 30 (32) Schultermaschen locker abketten. Das rechte Vorderteil gegengleich arbeiten.

Ärmel
50 (54) Maschen in Nadelstärke 2,5 mm anschlagen und im Rippenmuster stricken. Nach 8 cm in einer Rückreihe 5 x 4 Maschen zunehmen und über die 70 (74) Maschen weiter mit Nadelstärke 3,0 mm im Rippenmuster stricken, dabei den Umschlag jeweils links verschränkt abstricken.

An beiden Seiten für die Ärmelschräge in jeder 4. Reihe 11 (13) x 1 Masche zunehmen und ins Rippenmuster einfügen.

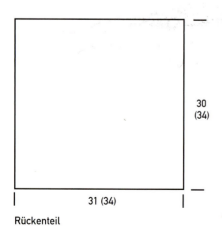
Rückenteil

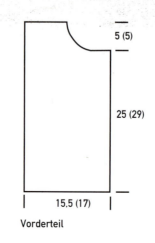
Vorderteil

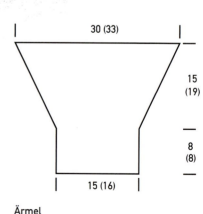
Ärmel

In 23 (27) cm Höhe alle 92 (100) Maschen locker abketten.

Ausarbeitung

Schulter-, Ärmel und Seitennähte schließen und die Ärmel einsetzen. Mit Nadelstärke 2,5 mm aus dem Halsausschnitt 76 (80) Maschen auffassen, 6 cm im Rippenmuster stricken und locker abketten. Die Halsblende nach innen umschlagen und annähen. Aus beiden Vorderteilkanten und dem Rand der Halsblende mit Nadelstärke 2,5 mm jeweils 75 (85) Maschen auffassen. Blenden nach innen umschlagen, annähen und den Reißverschluss einnähen.

Reißverschlussjacke

Filzpullunder

Größe
86–98

Schwierigkeitsgrad ∗∗

Material
Schafwolle 2/3, 350 g in Lachs
Rundstricknadel, 5,0 mm

Maschenprobe
11 M x 16,5 R = 10 x 10 cm

Shrink-Faktor
81 % in der Breite (Faktor 1,23) und 77 % in der Länge (Faktor 1,30). Für andere Garne bitte eine eigene Maschenprobe filzen und ausmessen!

Ein prima Steppwesten-Ersatz: kuschelig warm für jedes Wetter!

Rückenteil

53 Maschen in Lachs anschlagen und 1 Reihe links stricken. Für die untere Rundung in der folgenden Reihe 35 Maschen rechts stricken, wenden, in die 1. Masche wie zum Linksstricken einstechen, abheben, den Faden nach hinten anziehen, sodass sich 1 doppelte Masche auf der Nadel zeigt. 16 Maschen links stricken, wenden, in die 1. Masche wie zum Linksstricken einstechen, abheben und den Arbeitsfaden nach hinten ziehen.

In den folgenden Reihen beidseitig 1 x 8 Maschen, 1 x 6 Maschen, 1 x 3 Maschen und 1 x 1 Masche über die untere Doppelmasche hinausstricken, wenden, die 1. Masche wie zum Linksstricken abheben und den Arbeitsfaden nach hinten ziehen. Nun liegen nur noch die beiden äußeren Maschen als Doppelmaschen vor.
Weiter glatt rechts stricken, dabei in jeder 8. Reihe 3 x an beiden Seiten die beiden ersten und die beiden letzten Maschen zusammenstricken.
Für die Armausschnitte beidseitig in jeder 4. Reihe 1 x je 2 Maschen und 1 x je 1 Masche abketten. In einer Höhe von 40 cm die mittleren 10 Maschen abketten und beide Seiten getrennt beenden.
Beidseitig am inneren Rand nach 2 Reihen noch einmal je 4 Maschen abketten. Nach weiteren 2 Reihen die verbleibenden Schultermaschen abketten.

Vorderteil

Wie das Rückenteil arbeiten, dabei jedoch für den vorderen Halsausschnitt in einer Höhe von 32,5 cm die mittleren 6 Maschen abketten und die beiden Seiten getrennt fertigstellen.

Dazu am inneren Rand in jeder 2. Reihe 1 x 3 Maschen und 3 x 1 Masche abketten. Weiter gerade hoch stricken bis zu einer Höhe von 42,5 cm, dann die verbleibenden Schultermaschen abketten.

Tasche

7 Maschen anschlagen und glatt rechts stricken. Dabei in jeder 2. Reihe an beiden Seiten 1 x 3 Maschen, 1 x 2 Maschen und 1 x 1 Masche sowie 2 x in jeder 4. Reihe je 1 Masche zunehmen. In einer Höhe von 14 cm alle Maschen abketten.

Ausarbeitung

Schulter- und Seitennähte schließen und die Tasche auf dem Vorderteil aufnähen. Den Pullunder in der Waschmaschine verfilzen (siehe Seite 10).

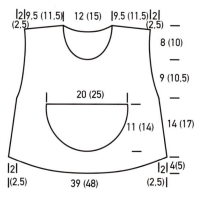

Einheitsgröße, aber Angaben vor dem Filzen und nach dem Filzen

Ärmelschal

Größe
68 – 74 (80 – 86/92 – 98)

Material
Schafwolle 11/3, 100 (150/150) g in Korallenrot
Rundstricknadel, 3,0 mm

Maschenprobe
26 M x 40 R = 10 x 10 cm

Grundmuster
Hinreihe: RM,*3 Maschen rechts, 1 Masche links*, RM
Maschen aller übrigen Reihen stricken, wie sie erscheinen.

Eine tolle Ergänzung zum Filzpullunder oder zur Steppjacke!

Ärmelschal

42 (46/52) Maschen in Korallenrot anschlagen und im Grundmuster stricken, für die Ärmelschrägung dabei 10 x in jeder 4. (7./8.) Reihe beidseitig je 1 Masche zunehmen [62 (66/72) Maschen]. Das Muster entsprechend an den Rändern ergänzen. Nach 14 (22/25) cm am linken Rand für die Schulterschrägung in jeder 2. Reihe 12 x (12 x/8 x) 1 Masche, für Größe 92 – 98 anschließend noch 8 x in jeder Reihe 1 Masche abketten. Für das Wickelteil 75 (80/85) cm über die verbleibenden 50 (54/56) Maschen im Grundmuster stricken.
Für die Schulterschrägung in jeder 2. Reihe 12 x (18 x) 1 Masche zunehmen, für Größe 92 – 98 zunächst 8 x 1 Masche in jeder Reihe, dann 8 x 1 Masche in jeder 2. Reihe [62 (72/72) Maschen]. Für die Ärmelschrägung 10 x in jeder 4. (7./8.) Reihe beidseitig je 1 Masche abnehmen [42 (52/52) Maschen] und alle Maschen abketten.

Ausarbeitung

Beidseitig die Ärmelnähte 14 (22/25) cm hoch schließen.

Tipp

Der Schal kann sehr lose um den Hals, noch besser um den Körper gewickelt und vor der Brust verkreuzt werden.

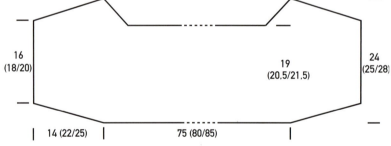

Lace-Jäckchen mit Weste und Schühchen

Größe
74 – 80 (86 – 92)

Schwierigkeitsgrad **

Material
kbA-Baumwolle in Blattgrün,
200 (250) g für die Jacke, 150
(150) g für die Weste, 50 g für die
Schühchen
Rundstricknadel, 4,0 mm
3 Knöpfe

Maschenprobe
Im Muster 20 M x 27 R =
10 x 10 cm

Im Lebensbäumchenmuster!

Rückenteil
91 (99) Maschen anschlagen.
Die 1. Reihe (Hinreihe) links,
die 2. Reihe rechts, dann die
6 Reihen des Bortenmusters
arbeiten.
Über die verbleibenden 69
(75) Maschen noch 3 (5) cm
glatt rechts stricken, dann im
Lacemuster weiter gerade hoch
arbeiten.
Nach 14 (16) cm Gesamtlänge
für die Armausschnitte an beiden Seiten jeweils 6 Maschen
abketten [57 (63) Maschen].
Für den Halsausschnitt in einer
Höhe von 27 (30) cm die mittleren 13 (13) Maschen abketten und beide Seiten getrennt

beenden. Für die Rundung am
inneren Rand in der 2. Reihe
noch einmal 6 (6) Maschen abketten und in einer Höhe von
29 (32) cm die verbleibenden 16
(19) Maschen abketten.

Rechtes Vorderteil
51 (59) Maschen anschlagen.
Die 1. Reihe (Hinreihe) links,
die 2. Reihe rechts stricken. Die

6 Reihen des Bortenmusters
arbeiten und über die restlichen
39 (45) Maschen noch 3 (5) cm
glatt rechts stricken. Weiter im
Lacemuster, dabei am rechten
Rand die ersten 7 Maschen in
allen folgenden Reihen kraus
rechts für die Verschlussblende
stricken und nach 7 (8) cm und
noch 2 x nach weiteren 7 (8) cm
je 1 Knopfloch 2 Maschen vom

Bortenmuster

Der Mustersatz ist grau unterlegt, diese Einheit wiederholen. Die beiden
Seiten beschreiben den Musterabschluss an beiden Rändern.

Lebensbäumchenmuster

☐	1 Masche glatt rechts, in Rückreihen links
−	1 Masche glatt links, in Rückreihen rechts
■	1 Masche rechts kraus, in Rückreihen rechts
○	1 Umschlag
◤	2 Maschen rechts zusammenstricken
◣	2 Maschen nacheinander wie zum Rechtsstricken abheben, wieder zurück auf die linke Nadel heben und beide Maschen rechts zu-sammenstricken
▲	3 Maschen zusammenstricken: In die ersten 2 Maschen gleich-zeitig wie zum Rechtsstricken einstechen und abheben, 1 Masche rechts stricken und die beiden abgehobenen Maschen überziehen
◸3◹	3 Maschen zusammenstricken: In die ersten 2 Maschen gleich-zeitig wie zum Rechtsstricken einstechen und abheben, 1 Masche rechts stricken und die beiden abgehobenen Maschen überziehen
5	5 Maschen zusammenstricken: In die ersten 3 Maschen gleichzeitig wie zum Rechtsstricken einstechen und abheben, 2 Maschen rechts zusammenstricken und die 3 abgehobenen Maschen überziehen

Rand entfernt über 3 Maschen arbeiten. In einer Höhe von 14 (16) cm für den Armausschnitt am linken Rand 6 Maschen abketten.

Für den Halsausschnitt in einer Höhe von 24 (27) cm am rechten Rand in jeder 2. Reihe 1 x 7 Maschen, 1 x 4 Maschen, 2 x 2 Maschen und 2 x 1 Masche (1 x 10 Maschen, 1 x 5 Maschen, 1 x 3 Maschen und 2 x 1 Masche) abketten. In einer Höhe von 29 (32) cm die restlichen 16 (19) Maschen abketten.
Das linke Vorderteil gegengleich ohne Knopflöcher arbeiten.

Ärmel (nur für die Jacke)
51 (51) Maschen anschlagen. 1 Reihe links, 1 Reihe rechts und die 6 Reihen des Bortenmusters stricken [39 (39) Maschen]. In den folgenden Reihen für die Armschrägung an beiden Seiten in jeder 4. Reihe 13 (15) x je 1 Masche zunehmen. Dabei zunächst 3 (5) cm glatt rechts stricken, dann weiter im Lebensbäumchenmuster. Weiter gerade hoch. In einer Höhe von 21 (24) cm alle Maschen abketten.

Ausarbeitung Jäckchen
Schulter-, Ärmel- und Seitennähte schließen und die Ärmel einsetzen. Den Halsausschnitt mit 1 Runde feste Maschen und 1 Runde Picots umhäkeln und die Knöpfe annähen.

Ausarbeitung Weste
Ein Vorder- und ein Rückenteil arbeiten. Die Schulter- und Seitennähte schließen. Den Halsausschnitt und die Ärmelausschnitte je mit 1 Runde feste Maschen und 1 Runde Picots umhäkeln und die Knöpfe annähen.

Rechtes Schühchen
29 (33) Maschen anschlagen. In der 1. Reihe (Hinreihe) 14 (16) Maschen rechts stricken, einen Maschenmarkierer einhängen, 1 Masche rechts stricken, 1 Markierer einhängen und 14 (16) Maschen rechts stricken. In der 2., 4., 6. und 8. Reihe jeweils nach der 1. Masche, nach der 1. Markierung, vor der 2. Markierung und vor der letzten Masche 1 Masche zunehmen. Alle Maschen der ungeraden Reihen dabei rechts stricken [45 (49) Maschen].
11 weitere Reihen kraus rechts stricken. In der folgenden Reihe 12 (14) Maschen rechts stricken, 5 x je 2 Maschen überzogen zusammenstricken, 1 Masche rechts stricken, 5 x je

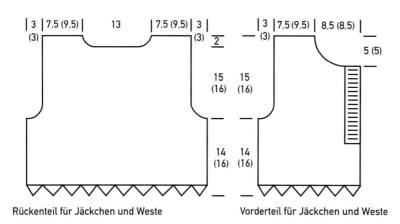

Rückenteil für Jäckchen und Weste   Vorderteil für Jäckchen und Weste

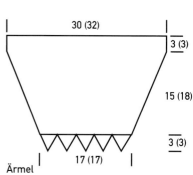

Ärmel

2 Maschen rechts zusammenstricken und 12 (14) Maschen rechts stricken [35 (39) Maschen].
3 Reihen kraus rechts arbeiten. In der folgenden Reihe 9 (10) Maschen rechts stricken, 17 (19) Maschen abketten, 9 (10) Maschen rechts stricken und den Schuh in 2 Teilen beenden. Für den rechten Teil 9 (10) Maschen rechts stricken, 12 Maschen anschlagen. Über diese Maschen noch 3 Reihen kraus rechts stricken und abketten.
Über die 9 (10) Maschen des linken Teils ebenfalls 4 Reihen kraus rechts stricken und abketten. Die Naht unter dem Fuß und an der hinteren Ferse schließen, an den Riegel eine kleine Schlaufe für den Knopf nähen und alle Fäden vernähen.
Das linke Schühchen gegengleich arbeiten.

Rippenpulli mit Noppen

Größe
80 – 86 (92 – 98)

Schwierigkeitsgrad **

Material
Schafwolle 8/4, 200 (250) g
in Hellblau
Rundstricknadel, 5,0 mm
4 Maschenmarkierer

Maschenprobe
18 M x 23 R im Rippenmuster =
10 x 10 cm

Rippenmuster
Hinreihe: RM, 1 Masche rechts,
*2 Maschen links, 2 Maschen
rechts*, 2 Maschen links, 1 Masche rechts, RM
Die Maschen in den folgenden
Reihen stricken, wie sie erscheinen.

Noppe
Aus einer Masche 5 neue Maschen herausstricken (1 rechts,
1 links im Wechsel), dann nacheinander die 4., 3., 2. und 1. Masche über die 5. ziehen.

Noppenreihe
RM, *3 Maschen rechts, 1 Noppe*, RM

Groß, weit und warm – dieser
Pulli ist gemütlich und macht
alles mit!

Rückenteil und Vorderteil

58 (66) Maschen anschlagen,
1 Noppenreihe arbeiten und
1 Reihe rechts stricken. Weiter
im Rippenmuster stricken. In
22 (25) cm Höhe für den Armausschnitt an beiden Seiten
4 Maschen abketten und die
verbleibenden 50 (58) Maschen
stilllegen. Das **Vorderteil** in
gleicher Weise stricken.

Ärmel

30 (34) Maschen anschlagen,
1 Noppenreihe und 1 Reihe
rechts stricken. Weiter im
Rippenmuster arbeiten, dabei
für die Armschrägung in jeder
6. Reihe 8 (10) x beidseitig je
1 Masche zunehmen. In 21
(25) cm Höhe an beiden Seiten
je 4 Maschen abketten, noch
1 Rückreihe stricken und die
verbleibenden 38 (46) Maschen
stilllegen.

Raglanpasse

Alle Teile auf einer Nadel zusammenfassen, zur Runde
schließen und im Rippenmuster stricken. Dabei jeweils die
ersten beiden Maschen jedes
Teils nacheinander wie zum
Rechtsstricken abheben, wieder zurück auf die linke Nadel
heben und rechts zusammenstricken, die letzten beiden
Maschen jedes Teils jeweils
rechts zusammenstricken. Damit fügen sich die Übergänge
genau ins Muster ein [168
(200) Maschen].
In der 5. Runde je 1 Maschenmarkierer zwischen die beiden
linken Maschen des ersten und
letzten Streifens aus linken Maschen auf Vorder- und Rückenteil einhängen (insgesamt also
4 Markierungen).

Raglanabnahmen

- ☐ 1 Masche glatt rechts
- ─ 1 Masche glatt links
- ◂ 2 Maschen rechts zusammenstricken
- ◸ 3 Maschen rechts zusammenstricken
- ◣ 2 Maschen nacheinander wie zum Rechtsstricken abheben, wieder
  zurück auf die linke Nadel heben und beide Maschen rechts zusammenstricken
- ◹ 1 Masche wie zum Rechtsstricken abheben, 2 Maschen rechts zusammenstricken und die 1. Masche überziehen

4 Runden Raglanabnahmen stricken, dabei die Abnahmen der 1. Raglanrunde beidseitig der 4 Markierungen arbeiten [136 (168) Maschen]. 5 Runden im Rippenmuster ohne Abnahmen arbeiten, dann wieder 4 Runden Raglanabnahmen [104 (136) Maschen]. Diese 9 Runden noch 2 (3) x wiederholen (40 Maschen).

Weiter in Reihen arbeiten, dazu die Runde zur Mitte des Vorderteils für den Polokragen öffnen (hier also wenden), 1 Rückreihe rechts stricken, dabei gleichmäßig verteilt 10 Maschen zunehmen. Wieder im Rippenmuster arbeiten.

In 4 cm Kragenhöhe in einer Rückreihe alle Maschen rechts stricken, 1 Noppenreihe arbeiten und rechts abketten. Ärmel und Seitennähte schließen und alle Fäden vernähen.

Rippenpulli mit Noppen 59

Warmer Kuschelpulli und Streifenschal

Größe
80–86 (92–98)

Schwierigkeitsgrad *

Material
Schafwolle 8/4, 150 (200) g in Braun für den Pulli, je 50 g in Braun, Dunkelblau und Natur für den Schal
Rundstricknadel, 5,0 mm
Nadelspiel, 5,0 mm
Häkelnadel, 4,5 mm

Maschenprobe
16 M x 23 R = 10 x 10 cm

Rippenmuster
Rückreihe: RM *2 Maschen rechts, 2 Maschen links*, RM
In den folgenden Reihen die Maschen stricken, wie sie erscheinen.

Coole Begleiter für kühlere Tage, leicht zu stricken!

Rückenteil
50 (54) Maschen anschlagen und 8 Reihen glatt rechts stricken, anschließend im Rippenmuster arbeiten. In einer Höhe von 5 cm (4 cm Rippenmuster) weiter glatt rechts über alle Maschen gerade hoch stricken. In einer Höhe von 20 (23) cm (Rollbündchen zum Messen nicht auseinanderrollen!) an beiden Seiten je 3 Maschen abketten [44 (48) Maschen]. In einer Höhe von 32 (37) cm für den Halsausschnitt die mittleren 14 Maschen abketten und die beiden Seiten getrennt beenden [15 (17) Maschen]. Nach 2 Reihen an der Seite des Halsausschnittes noch einmal 4 Maschen abketten. In einer Höhe von 34 (39) cm die restlichen 11 (13) Maschen abketten.

Vorderteil
Wie das Rückenteil arbeiten, jedoch in einer Höhe von 29 (34) cm für den Halsausschnitt die mittleren 8 Maschen abketten. Beidseitig davon in jeder 2. Reihe 1 x 3 Maschen, 1 x 2 Maschen und 2 x 1 Masche abketten. Die restlichen 11 (13) Maschen in einer Höhe von 34 (39) cm abketten.

Ärmel
26 (26) Maschen anschlagen und 8 Reihen glatt rechts stricken, anschließend im Rippenmuster arbeiten. In einer Höhe von 5 cm (4 cm Rippenmuster) weiter glatt rechts über alle Maschen stricken. Dabei in jeder 4. Reihe an beiden Seiten 9 (12) x 1 Masche zunehmen. Anschließend noch 2 cm gerade hoch stricken.

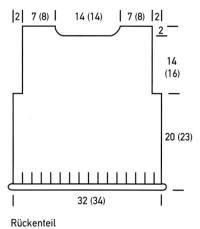
Rückenteil

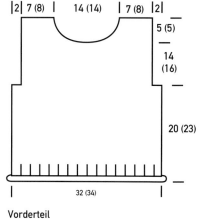
Vorderteil

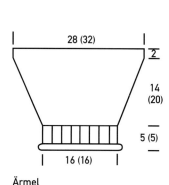
Ärmel

In einer Höhe von 21 (27) cm alle Maschen abketten.

Ausarbeitung
Ärmel-, Schulter- und Seitennähte schließen und Ärmel einsetzen. Aus dem Halsausschnitt Maschen mit einem Nadelspiel auffassen, 4 cm im Rippenmuster und noch 8 Reihen glatt rechts stricken. Alle Maschen locker abketten.

Streifenschal
100 Maschen in Braun anschlagen und kraus rechts gerade hoch stricken. Dabei immer 2 Reihen in Braun, in Dunkelblau und in Natur abwechseln. In einer Höhe von 9 cm alle Maschen locker abketten. Die beiden schmalen Seitenränder in Braun mit festen Maschen umhäkeln.

Warmer Kuschelpulli und Streifenschal

Mützen-Klassiker

Material
Schafwolle 11/3, je 100 g in Koralle, Natur oder Dunkelblau
Rundstricknadel, 3,0 mm

Maschenprobe
28 M x 48 R in kraus rechts = 10 x 10 cm

Die passen prima und halten auch ohne Bindebändchen!

Sternenhäubchen
Kopfumfang 40 – 45 (45 – 48) cm

36 (40) Maschen in Koralle anschlagen und kraus rechts stricken. Dabei in jeder 2. Reihe 19 (21) x am rechten Rand je 1 Masche aus dem Querfaden zunehmen und die zweit- und drittletzte Masche rechts zusammenstricken.
2 Reihen kraus rechts stricken. 19 (21) x in jeder 2. Reihe am rechten Rand die 2. und 3. Masche rechts überzogen zusammenstricken und am linken Rand 1 Masche zunehmen.
2 Reihen kraus rechts stricken. Für das Häubchen mit Stirnspitze 10 x in jeder 2. Reihe am rechten Rand 1 Masche zunehmen und am linken Rand die zweit- und drittletzte Masche rechts zusammenstricken. Für die Mütze ohne Spitze am rechten Rand ohne Zunahmen 20 Reihen gerade hoch stricken.
2 Reihen kraus rechts stricken (= vordere Mitte der Mütze). Die 2. Hälfte gegengleich arbeiten. Die hintere und obere Naht schließen.

Zipfelmütze
Kopfumfang 40 – 45 (45 – 50) cm

Rippenmuster
Hinreihe: RM, *2 Maschen rechts, 2 Maschen links*, RM
In allen folgenden Reihen die Maschen stricken, wie sie erscheinen.

130 (140) Maschen anschlagen und im Rippenmuster stricken. Ab einer Höhe von 8 cm beidseitig je 1 Masche abnehmen, dann 3 (5) x in jeder 6. Reihe, 17 (20) x in jeder 4. Reihe und 40 x in jeder 2. Reihe je 1 Masche abketten. Nach 51 cm ab Anschlag die restlichen 8 Maschen abketten.

Ausarbeitung
Die Längsnaht schließen, nach 4 cm ab Anschlagkante die Mütze wenden und die Naht auf der gegenüberliegenden Seite fortsetzen. Die untere Krempe umschlagen und ein Glöckchen an der Spitze annähen.

Bezugsquellen
Pflanzenfärberei Kroll
Hauptstraße 47
D-56761 Gamlen
Tel. 02653/6407, Fax 02653/3019
Internet-Shop
http://www.pflanzenfaerberei-kroll.de

JIM KNOPF Knopfhandel + Design
Ute Holk e. K.
Kaiserstraße 9
D-63065 Offenbach
JIM.KNOPF@Knopfhandel.de

Den genannten Firmen herzlichen Dank
für ihre freundliche Unterstützung!

Betül, Florian, Giuliano, Marie-Hélène, Nikolaus, Nina und Phillip,
euch und euren Mamas und Papas ein
ganz herzliches Dankeschön für eure
fabelhafte Unterstützung! Was wäre die
Welt ohne Kinder wie euch! Danke!

Herr Kroll, Frau Wießler,
es macht große Freude, mit Menschen
zu arbeiten, die das, was sie tun, mit Lei-
denschaft tun! Danke!

Anneke,
für den Einsatz deiner flinken Nadeln und
die stete Neugier am Projekt – danke!

Joannes, Brita,
danke!

Impressum

© 2009 Christophorus Verlag GmbH & Co. KG,
Freiburg

Alle Rechte vorbehalten –
Printed in Germany

ISBN 978-3-419-53426-7

Dieses Buch und alle darin gezeigten Modelle sind urheber-
rechtlich geschützt. Jede gewerbliche Nutzung der Arbeiten
und Entwürfe, ein Nachdruck, auch auszugsweise, sowie die
Verbreitung durch Fotokopien, Internet und elektronische Me-
dien, durch Film, Funk und Fernsehen ist untersagt und wird
zivil- und strafrechtlich verfolgt. Bei Anwendung im Unterricht
und in Kursen ist auf dieses Buch hinzuweisen.

Die im Buch veröffentlichten Ratschläge wurden von der Autorin und vom Verlag sorgfältig erarbeitet und geprüft. Eine
Garantie kann dennoch nicht übernommen werden, ebenso
ist eine Haftung der Autorin bzw. des Verlages und seiner
Beauftragten für Personen-, Sach- und Vermögensschäden
ausgeschlossen.

Lektorat: 360°/Eva Hauck, Berlin
Fotos: Fotostudio Wießler, Frankfurt
www.fotostudio-wiessler.de
Covergestaltung: Behrend & Buchholz, Hamburg
Satz: Arnold und Domnick, Leipzig

www.christophorus-verlag.de